親孝行・人間大好

代々初代

幸せ創造企業

Yoji Aoya
青谷洋治
坂東太郎代表取締役会長

致知出版社

はじめに

「親孝行・人間大好《だいすき》」、幸せ創造企業として四十八年。お客様に喜んでいただき感動をしていただく仕事に携わって参りました。お客様に喜んでいただくこと、感動していただくこと、そして社員の成長がやりがいとして、どんな厳しい環境においても耐えることができました。

まずは『代々初代《だいだいしょだい》』の発刊に携わってくださった致知出版社の皆様に心より感謝申し上げます。

新型コロナウイルスの世界的流行は、外食産業を大きく様変わりさせました。その経験もふまえ、この本のタイトルを決めさせていただきました。

◎代々初代の道筋

創業者はなぜ強いのか？　それは「覚悟」です。

創業者はやりたいことを思い通りにやってきたと思いますか？

　ほとんどの創業者は失敗を何度も重ね、それでも諦めず挑戦し続けた結果が、次に繋《つな》がっていると考えます。無我夢中で、事業計画・発展計画で決めたことを、決めた通りに行えるようになるまでに何十年もかかっているのです。四十八年の月日の中で、社会の変化は思った以上にこちらの思いとは反対に進むことが多々ありました。

　代々初代という考え方が浮かんだのは、日本経済が平成に入り、バブルが崩壊したときでありました。大手の銀行や証券会社が経営破綻《はたん》、また上場企業が倒産しました。大企業も倒産するということを目の当たりにし、本当に大きい会社とは規模の大きさではないということを改めて学びました。ここで坂東太郎は、大きく舵を切ることができました。売り上げの大きさを求め、会社の大きさを売り上げの大きさとしている会社もあると思います。

　しかし、坂東太郎は働く人の幸せの大きさを、会社の大きさとしているのです。「幸せ」と感じてくれる働く人の数の多さが、日本一であることを目指しています。これが坂東太郎の掲げている「幸せ創造企業」という考え方であります。現代においてダイバーシティ（多様性）という言葉がありますが、働く人を幸せにするということは、一人ひとりの多様性を生かした考え方を持つことです。そして、働く人の幸せを願って成長させてあげる、さらにはその家族まで、幸せになってもらうことを願っています。

◎代を繋ぐ人への期待

相手を理解する前に、自らを知り、納得してもらえる自分を育ててほしいと思います。会社のスタッフが何千人、何万人になってもその考えがぶれないように、初代の心構えを忘れずに行動し続けてほしいと願っております。

利益は現場にある、従業員の成長と家族を守ることが利益に繋がる、社会の変化に対応する現場の環境作りも利益に繋がる、取引業者様との安全、安心な信頼関係も利益に繋がる、地域社会に貢献することも利益に繋がる。そして、社長自らが現場に出かけ、自らの目で確認し、現場から目を離さない。これが代々続く、代々初代の根本であると考えます。

令和五年八月

青谷洋治

親孝行・人間大好　幸せ創造企業　代々初代＊目次

はじめに　*1*

第一章　「競争」の時代から「共創」の時代へ

第二章　創業と発展――坂東太郎の四十八年

第三章 「親孝行・人間大好」――坂東太郎の人づくり

第四章　百年企業への道

第五章　人を大切にする会社が日本を救う

第一章

「競争」の時代から「共創」の時代へ

◉デジタルの時代はあと十年で終わる

一九七五（昭和五十）年四月、弟と女房と私の三人でスタートした小さな飲食店は、十一年後に「株式会社坂東太郎」という和食レストランを運営する会社になりました。現在は茨城・栃木・千葉・埼玉・群馬の各県で「ばんどう太郎」「家族レストラン坂東太郎」「かつ太郎」などの看板で、直営店八十四店舗を展開するまでに成長しています。従業員も正社員が百八十七名、坂東太郎グループ全体では二千三百四十四名に達し、九十六億八千万円の売上高があります（二〇二二年十二月実績）。

私が修業していた飲食店から「のれん分け」という形で独立したのは二十四歳のときでした。戦後の高度経済成長期が一段落ついた頃でしたが、まだ大量生産・大量販売がビジネスの主流を占めていました。当時は、大量生産・大量販売したものを大量消費してもらうことによって日本を復興させようとした「進化」の時代だったと思います。

漫画は時代を映し出す鏡だと私は思っています。私が子どもの頃に流行《はや》っていた漫画は手塚治虫の「鉄腕アトム」でした。まさに鉄腕アトムに象徴されるような夢を描いて追いかけてきた時代でした。高度成長期の真っただ中で、高速道路ができて、高層ビルができて、みんなが夢として語っていた世界が次々に実現していきました。

今の子どもたちはどういう時代に生きているのでしょうか。私は「ドラえもん」の時代なのではないかと思っています。ドラえもんは、単に夢を追いかけるだけではなくて、「あんなこといいな、できたらいいな」と、それぞれの人が願う夢をポケットから出して叶《かな》えてくれます。一つの夢ではなくて、いろいろな夢が叶う時代です。私たちの頃は、社長がゴルフをやると言えば周りにいる人はみんな「右へ倣《なら》え」でゴルフを始めました。しかし今は、私はゴルフをやる、私はテニスをやる、私は山登りをやるというふうに、それぞれ求めるものが違います。各人が各人の夢を持っています。ドラえもんは、そんな夢を「どこでもドア」を開けて叶えてくれるのです。

今の時代、会社経営者もドラえもんのように社員の夢を叶えてあげられるようにならなければいけないと思います。昔は一つの夢を一緒に追いかけていればよかったのですが、これからのリーダーは社員の夢を実現する方法を一緒に考えて、社員を幸せにしてあげなければいけません。それができないリーダーには、誰もついてきてくれないような時代が来ていると思うのです。

私はアリババ日本法人の香山誠前会長と仲良くさせてもらっています。香山前会長は「デジタルの時代はあと十年で終わる」と言われています。私は驚きました。日本ではやっとキャッシュレスの時代が始まって、これからがデジタルの時代の本番だと思っていたからです。

アリババさんはデジタルの特性を活かして成長してきた会社です。中国のアリババさんは毎年十一月十一日に「独身の日セール」を行うことで知られています。二〇一九年にはたった一日で日本円にして四兆二千億円、二〇二〇年には七兆九千億円を売り上げています。中国という巨大な市場とインターネットが結びつくことによって、それが可能になるのです。日本ではインターネットで一千万円の車はなかなか売れませんが、中国では一千万円の車を百台売るのに三十秒もかからないそうです。なぜそんなことができるのかというと、購買履歴などのデータで買い手の財布の中身を推定して、一千万円の車を買える人にのみ情報を流しているからです。日本ではまだそういったレベルにまで進んでいません。

だからこそ私は、日本のデジタルの時代は始まったばかりだと考えていたのです。ところが、香山前会長は「あと十年でデジタルの時代は終わる」と言うのです。私は尋ねました。「デジタルの時代が終わるとしたら、次はどこに行くのですか？」と。すると香山前会長は「デジタルの先には人とＡＩが共存する時代が来る」と言われました。

そのためには「人」が大事だと考える香山前会長は、坂本光司先生の『日本でいちばん大切にしたい会社』という本で紹介されている会社に勉強に行かれています。アリババさんは人を大切にする会社を目指しているのです。これはアマゾンさんも似ています。アマゾンさんの企業理念は「地球上で最もお客様を大切にする企業」

です。インターネット通販で日本一になるとか世界一になるというような目標は掲げてはいません。やはり大切なのは「人」なのです。

◉進化→深化→真価→心価へと時代は巡る

先に言ったように、私が創業をした四十八年前には、大量生産・大量販売をして大量消費することが世の中の役に立つことになり、世界の進化に繫《つな》がるという考え方がビジネスの中心にありました。ですから、その時代を牽引《けんいん》したスーパー、たとえばダイエーさんにしても、前に進むことが世の中のお役に立つことだという考え方を持っていました。

確かにそれによって私たちの暮らしは豊かになりました。しかし、誰もが同じような暮らしができるようになると、そうした「進化」の考え方は行き詰まりました。その結果、次に出てきたのが一つのものにこだわって深掘りをする「深化」です。これによって他人との差別化を図るという考え方が出てきました。

前に進む「進化」が、深掘りをする「深化」に変わると、自分のこだわりに徹底的にお金を使う時代がやって来ました。そこから生まれたのがバブルの時代です。バブルのさなかにいたときは、それが泡のようにすぐに消え去るとは誰も思っていませんでした。それが弾けたときに初めてバブルだったとわかったのです。

バブルの終焉《しゅうえん》は平成不況を引き起こしました。時代が変わり、「深化」という考え方も変わらざるを得なくなりました。そこで問われたのは本物の商品であり、本物の人でした。真の価値を求める時代がやってきて、「深化」が「真価」へと変わったのです。「真価」の時代になると、本物でない商品は売れなくなり、働いている人々も真の実力が問われることになりました。リストラという言葉が初めて使われるようになったのは、バブルが弾けた後のことです。

私はそのとき、真価が問われる時代がゴールになるのかなと思っていました。しかし、そうではありませんでした。二十一世紀に入り、新しい「しんか」が生まれたのです。そのきっかけとなったのは二〇一一年三月十一日に起こった東日本大震災でした。

バブルの時代、日本人は皆、お金持ちになりました。世界中のお金を集めたと言われるほどでした。しかし、多くの人が「いくらお金があっても幸せが感じられない」ことに気づきました。タンスの中にいくらお金を持っていても、幸せだと感じる人は少なかったと思います。「幸せとは何か?」という問いに対する答えはなかなか見つかりませんでした。

そんなときに起こったのが東日本大震災です。二万人以上の死者・行方不明者（震災関連死を含む）を出し、原発事故で生まれ故郷を離れなければならない方たちも出てきました。そういう人たちを見て、日本人は「この土地に住んでいること、この家に住んでいること、この家族と住んでいることが幸せなのだ」と気づいたように思います。家族の傍らにいられる喜び、電気や水道が当たり前のように使える環境がいかに幸せなことなのか。幸せはこんなに身近にあるものだったと気づいたのです。そして、真の価値とは心の価値であったことを理解し、新たな「しんか」＝「心価」を見つけたのです。

この「心価」に気づくまでは、みんなが競争をしていました。家電競争、コンビニ競争、牛丼競争と、至るところで勝ち負けの競争が行われていました。しかし、今はそれらの競争が終わって、あまり表に出ていないように見えます。それはなぜかと言えば、この新しい価値の時代には、単に個人の幸せを追求するのではなく、地域全体で助け合い、支え合い、幸せを創造することが最も大事だと気づいているからだと思います。私はそれを「共創」の時代と名づけました。共に新しい時代を創造するのです。心の価値を軸にして新しい社会を創る時代、「競争」から「共創」の時代に変わってきたと思うのです。

◉心価とは「人を大切にする」ということ

3・11後の日本人の冷静な行動は世界中の人たちに称賛され、日本の素晴らしさを印象づけました。未曽有《みぞう》の大震災を通じて、はからずも日本人の生き方を世界に発信することになったわけです。外国メディアによって報道されることで、日本人自身も自分たちの生き方が素晴らしいものなのだと再認識できました。そこに気づいた日本人は、改めて心の価値の重要性を理解できたはずです。心の価値（心価）を認める良い時代が戻ってきたのではないかと私は考えています。

この「心価」は、「人を大切にすること」と言い換えてもいいように思います。近年、働き方改革が進んでいますが、これも根底にあるのは人を大切にするということでしょう。少子化で人が少なくなっていく時代に、私たちは「心価」という価値をもっと深掘りして、進化させなければいけません。今まではモノの真の価値が問われてきましたが、これからは人の心の価値が問われるようになるはずです。そういう時代が始まったような気がします。

あと十年でデジタルの時代が終わるという一方で、ＡＩの発達で今ある仕事の五十％ぐらいがなくなるとも言われています。すでにガソリンスタンドは店員がいなくなって、運転者が自分でガソリンを入れるように変わりつつあります。アメリカでは以前からセルフサービスが当たり前でしたが、規制が厳しい日本では給油のセルフサービスはあり得ないと言われていました。そこが明らかに変わってきています。スーパーやコンビニなどはまだ店員がいますが、セルフレジが導入されてきています。この流れが続けば、何年もしないうちに店員はいなくなるでしょう。そういう時代を私たちは迎えているのです。

そんな時代にどうやって向き合っていけばいいのでしょうか。その答えを出すためには、私たちが求めるべき「心価」や「共創」がどういうものなのかを真剣に考えなくてはいけないと思うのです。

◉創業四十五周年を機に始めた二つの挑戦――①高級和食店をオープン

坂東太郎グループでは二〇一八年から出店を増やしています。「この人手不足のときにどうして？」と聞かれますが、「人が集まらないときだからこそ、やろう」と私は言ってきました。実際のところ、外食産業でもコンビニでも人を募集しても集まりません。そのために〝ワンオペ〟のような問題が起きていますし、二十四時間営業もできなくなっています。外食産業が新店舗を出したくても、人が集まらないから出せないという状況です。

でも、そういうときだからこそ、やるべきだと思っているのです。というのは、誰でも出店できる状況のときは良い立地が取り合いになって確保できず、出店したくても出せないからです。今のように人が集まらないという理由で出店できないのであれば、人が集まる業態に変えてやればいいのです。

今でもコーヒーショップのように若い人たちが好んで働きたいと思うような業態であれば人は集まります。逆にラーメン屋さんは人が集まりにくくなっていますし、「ばんどう太郎」のようなファミリーレストランも集まりにくい状況にあります。若い人を集めるのなら、高単価な、ちょっとオシャレな環境の業態にする必要があります。

そこで坂東太郎グループでも高単価の店に挑戦しようと、二〇二〇年三月四日に「坂東離宮」という高級和食店を茨城県猿島《さしま》郡境町にオープンしました。この店は、田舎の人が銀座に食事に行くのではなくて、いつも銀座で食事をするような人たちがわざわざ地方まで食事に訪れて後悔しないような高級感をイメージしました。

同業者の皆さんからすると「今どき何をやっているの」とびっくりされるような

挑戦をしているわけですが、「同じ苦労をするなら前向きの苦労、守る苦労より攻める苦労のほうが絶対的にいい」と私は思っています。そのほうが楽しいし、それでやらせていただけるのはありがたいことだと思うのです。

坂東太郎は、バブルの頃、労務危機に陥りました。人がどんどん辞めて倒産しかけたのです。このときに私が学んだことは、働く人は必ず賃金の高いところに移るということです。人も情報も単価が高いところに集まるのです。当時、ペットボトルの水が自動販売機で売れるようになりました。それ以前は、水は売れないと言われていましたから、水だけは低いところに流れるのかと思っていたのですが、水まで高いところに流れていったのです。

もう一つバブルの時期に経験したのは、働く人にとっては隣の芝生は青く見えるということです。人手不足と言われても芝生が青く見える会社には人は集まります。坂東太郎がそんな会社になるためには、大変な時期であっても、いや、大変な時期だからこそ、成長させなければならないのです。そして、成長させるための絶対的条件が「攻める」ということです。守るのではなく、常に攻めていくのです。

この苦しい時期は、坂東太郎が「隣の芝生は青い」と言われる会社になるチャンスです。状況が良くても悪くても苦労するのは同じです。ならば、人が大変だと言っている時期に人を集めやすい業態で出店していこうというのが私たちの考えです。幸いにも今のところ、人も集まっています。

二〇一六年に社長を長男に譲って会長職に就いたとき、私は創業四十五周年を迎える二〇二〇年までの五年間に勝負をかけようと思いました。最悪の場合、私が作った店で不採算な店があれば閉めるという覚悟を持ってやろうと決意しました。店を閉めれば、当然、その店で働いている人の受け入れ先も考える必要が出てきますが、それも含めて覚悟を決めました。その勝負の一手が二百五十席ある大型店・坂東離宮のオープンなのです。

新店舗をオープンする際の私たちの基本的な考え方は、「戦わずして勝つ」ことです。中国古典の『孫子《そんし》』にある言葉です。先にも言いましたが、誰もが「この時期だったらオープンできる」と考える時期は競争が激しくなります。大手チェーン店の隣に店舗を作って戦うのは大変です。だから、私たちは大手が出店していたら、そこから離れて二番手、三番手の立地に店舗を作ってきました。

逆に、私たちの既存店の傍に後から大手さんが新規オープンすることもありますが、その場合は万全の準備をして迎え撃ちます。

しかし、基本はできるだけ戦わないという姿勢を貫いています。というのも、不思議なもので、こちらが戦い挑むと相手も必死で戦って強くなってしまうのです。だから、できるだけ戦わないで勝つ方法を常に模索しています。

今回の大型店舗は、人口二万四千人の小さな町に作りました。そんなところに二百五十席の店を作るというのは、常識的には考えられません。それも非日常的な客単価の高い店ですから私たちにとっては大きな挑戦なのですが、なんとしても成功させるという強い気持ちで取り組んでいます。

◉創業四十五周年を機に始めた二つの挑戦——②新しい和菓子店を作る

もう一つの挑戦は、和菓子の新しい店をオープンさせるということです。二〇一八年七月、私たちは蛸屋《たこや》という栃木県に本店がある和菓子専門店を子会社化しました。この蛸屋は元禄十一（一六九八）年創業と言われている老舗で、地元の栃木では知らない人がいないほどの名店です。最盛期には百二十店舗を構え、莫大な利益を出していました。お菓子で稼いだ利益を外食事業に投資して、建物だけで三億円もかけた料亭を何軒も作りました。その料亭も成功して、その利益で美術館を作ったほどでした。しかし、成功体験がアダとなって時代の変化に乗り遅れ、三十五億の負債を抱えて会社更生法の適用を申請することになったのです。

そんな会社をなぜ引き受けようと思ったかというと理由があります。話は三十数年前に遡ります。当時、私は自宅を建てる計画をしていました。創業して十年前後の頃で、ばんどう太郎はまだ五、六店舗の規模でした。私も女房も仕事で家に帰るのが遅くなるため、学校から帰ってきた子どもたちは明かりの灯っていない暗い家に入ることになります。それが嫌だなと思って、自宅の一角を使ってお店を開くことを考えました。和菓子専門店のフランチャイズに加盟して、ばんどう太郎のスタッフに預かってもらうことにしたのです。

その和菓子専門店が蛸屋でした。フランチャイズに加盟するとき、私は蛸屋の社長にお会いしました。社長は「うちのお菓子屋でいいの？」と言われましたが、その頃、蛸屋は非常に環境が良かったのです。お店の理念も素晴らしいものでしたし、社員の礼儀作法もしっかりしていました。そういうお店が家の一角にあれば、子どもたちも素直に育っていくだろうと考えて、フランチャイズに加盟することを決めたのです。

それから三十数年経って、蛸屋から一通のファックスが届きました。そこには会社更生法が適用されることになったと書いてありました。びっくりして連絡をして話を聞いているうちに、「蛸屋さんには三十数年お世話になった。おかげで子どもたちも成長させてもらった。何か恩返しできないだろうか」という思いがふつふつと沸いてきました。その結果、蛸屋の再建を引き受けることを決心したのです。子どもたちを育ててもらった恩返しをしたいという一念だけでお引き受けしたわけです。

ばんどう太郎の場合、正社員は全体の一割ぐらいで、あとはパートさんやアルバイトさんですが、蛸屋は二百二十名の社員全員が正社員でした。現場に行ってみると、みんな良い人ばかりでした。三十五億という負債を抱えていながらすさんだ様子は全くなく、三十数年前の社員の人たちと変わらず今も礼儀正しいままでした。見方を変えれば、三十数年間、時間が止まっているようでした。

変わらないのは人だけではありません。三十年あまり、商品はもちろんのこと、包装紙も手提げ袋も何一つ変えていなかったのです。変えなくても売れるという自信もあったのでしょうし、事実売れていました。しかし、まだ地方にはコンビニもあまりなかった当時と違い、今はどんな田舎にもコンビニが出店しています。新しいデザートも次々に販売されています。そういう時代の変化を考えず、ずっと同じことをしているうちに時代遅れになってしまったわけです。

二〇二三年、私たちはこの蛸屋の新しい店をオープンさせました。和菓子とコーヒーハウスを融合するというコンセプトで、店舗設計は建築家の隈研吾《くまけんご》先生にお願いしました。和菓子というと、どうしても古いイメージがつきまといます。蛸屋の和菓子も、みなさんが想像する和菓子そのものでした。私はそれを一回裸にして、手間隙《ひま》かけて本物の手作り感が伝わるものにしていきたいと考えました。たとえば、包装紙を透明にしてみるだけでも和も洋っぽくなるものなのです。コーヒーと和菓子を合わせてみるというのも新たな試みです。そういう一つひとつのことを見直して、新しい和菓子店を作っていきたいと思っています。

全く新しい店なのでお金も時間もかかりますが、蛸屋はお世話になった恩返しのために引き受けた会社でもあり、絶対に成功させて新しい蛸屋を誕生させなければなりません。「今までの蛸屋としての歴史と伝統を引き継ぎ」ながら、しかし「全く新しい従来の蛸屋とは違う店舗」ということで「ＴＡＣＯＹＡ（蛸屋）」からＴとＣを取り、蛸屋の魂と青谷の魂を入れ、新店舗名「ＡＯＹＡカンパーニュ」と店名を一新しました。新たに募集した三十名ほどのスタッフとともに年商三億円を目指して頑張っています。また、既存の店舗も一軒ずつリニューアルしてそれぞれ進化させながら、全店黒字化に向けて努力しています。

長く経営に携わっていると、会社はこうすれば必ず上向くという法則が少しずつ掴《つか》めてきます。会社の看板を見ればわかるというのも、そんな法則の一つです。看板というのは、商品やパッケージなど目に見えるもの全般を指します。これらを見ると、「この会社は古いな」「この会社の看板はどこか魅力があるな」などと感じます。外から見て「いいな」と興味を持ったり、人の気を引けるような看板であることが大事なのです。そういう視点から、商品を変えていく必要があります。

かつて「看板の大きさはやる気の大きさだ」と言われたことがあります。これは文字通りの看板を指しています。外食にとどまらず、ロードサイドにあるチェーン店の看板を見れば、大きなものが多いことに気づくはずです。看板だけじゃわからないと言うかもしれませんが、看板を見て「この店はいいな」と閃《ひらめ》くことは確かにあるのです。それは初対面の人に会って、「あ、この人はいいな」と感じるのと似たところがあります。

蛸屋の看板も一回変えました。そのときは、老舗でもあるし極端に変えるのは申し訳ないという気持ちがあったので、それほど大きくは変えませんでした。しかし、変えた看板を見て納得いかず、結局、もう一回変えました。そうしたら、これはいけるかなという光が見えてきました。それとともに新商品開発をしたり、店舗のレイアウトを変えたりしているうちに、やっと売り上げに変化が出てきました。そういう兆しが出てくると社員の意識も変わりますから、この機を逃さず、継続的にいろいろな仕掛けをしているところです。

◉地域の人たちに愛され、尊敬される会社に

坂東離宮と蛸屋という二つの大きなチャレンジを皮切りに、坂東太郎グループでは四十五周年を機にいろいろな挑戦を始めています。これで満足という限界を決めず、さらに前進していきたいと思っています。

私が常々社員に話しているのは、この地域で圧倒的なシェアをいただけるような仕事をしていきたいということです。一番手二番手を競うのではなくて圧倒的に支持していただけるようになりたい。わかりやすい言い方をすると、「ばんどう太郎」と呼び捨てされるのではなくて、「ばんどう太郎さん」と敬称をつけて呼んでもらえるような、地域の人たちに愛され、尊敬される会社にしたいのです。

どこの地方に行っても、「さん」をつけて呼ばれる会社があります。そういう会社は大半が地域で圧倒的なシェアを占めています。私たちもそういう会社を目指したいと思っています。そのためには、私たちが現在お店や会社でやっているサービスのあり方やおもてなしのあり方では足りないと感じています。私たちの店で働いている人たちの自宅を見て、あるいはその子どもさんたちの振る舞いを見て、ご近所の方たちが「どこにお勤めなの?」と聞いて、「ばんどう太郎です」と答えたら、「やっぱり、ばんどう太郎さんか。道理で立派だと思った」と納得してもらえるような会社になりたいのです。そのために、働いている人たちの家族の成長まで気にする会社でありたいなと思うのです。

家庭内のことにまで会社が関わってほしくないという人も多いかもしれませんが、地域から圧倒的な支持をいただくには、会社が家族の子どもたちの入学式や卒業式とかにまで手を焼いてあげるようにならなくてはいけないと思います。これから人口が少なくなってくるから、そこまで手が回らないと言われるかもしれませんが、私は逆だと思っています。人が少なくなるからこそ、昔のような濃密な人間関係に戻ることができるのではないかと期待しているのです。

戦後日本の急激な成長の陰で、そうした人間関係が失われてしまいました。大量生産・大量販売・大量消費にあくせくするあまり、人間をないがしろにしてきたような気がします。家族をいかに大切にしていくかという「心価」がこれからの会社には問われると私は信じています。それができる会社が本物と言われる会社になっていくと思うのです。

会長になって七年が過ぎましたが、これからは本物の会社づくりに私の役割を集中していきたいと考えています。一番、難しいところですが、そこにチャレンジしていきたい。そして坂東太郎をよその会社とは一味違う会社にしたい。それができれば必ず「隣の芝生は青い」と言われるような会社になれると確信しています。

◉コロナ禍が突きつける経営者としてのあり方

坂東離宮のオープンはコロナ禍の直撃を受けました。事前には百五十人の予約が毎日のように入っていましたが、すべてキャンセルになりました。飲食というのは基本的にその時々のイベントなので、延期になるケースはほぼありません。

しかし、どんなときでも打つ手はあるものです。たとえば、高級和食店を営む私の友人は予約が次々にキャンセルになると、顧客名簿に載っている二千人の個人のお客様に手紙を書きました。たくさんの人を入れてはいけないというので、団体やグループではなく個人のお客様に「時間があったらお越しください」と手紙を書いて出したのです。その結果、大人数の予約がなくなった代わりに、個人のお客様がたくさんご来店されるようになりました。

その後、いろいろなお店が手紙を出すようになりましたが、苦境に立ったときにどう動くかということが大事なのです。そのときにどう動いたかという結果が三か月後、半年後に出ます。コロナのせいにして何もしなければ、三か月後、半年後はさらに厳しくなっています。だから、環境のせいにしてはいけない。常に打つ手はあるのです。

コロナ禍のさなか、坂東太郎グループでは、三店舗、新たに開店しました。

私たちは創業以来、一店も撤退していません。お店というのは何十年もやっていると撤退するのが普通です。年月が経てばお客様も変化しますし、道路事情が変わることもあります。坂東太郎グループでも、道路事情が変わって移った店は数店ありますが、一キロ前後離れたところに新しい店舗を作って移動しました。働いている人は変わりませんから、撤退というのではなくて、新しい店に変えてリニューアルオープンするという形です。

大手チェーンを見ていると、会社の都合でお店を作って会社の都合で撤退をするということがしばしばありますが、田舎にお店を出している私たちがそれをやってしまうと信頼・信用がなくなります。

私たちは百年以上続く会社を目標としています。撤退は、その考えに反することになります。大手さんとは店の作り方とか出店の仕方といった基本的な考え方が違うのかもしれませんが、私たちはどうやって百年二百年と続く会社を作っていくかをいつも考えています。そのためには、とにかく利益を多く出せばいいという考え方はとっていないのです。だから出店した以上は撤退しないというのが基本的な方針になっています。

確かにコロナの影響は如実に現れました。特にコロナが蔓延《まんえん》し始めた二〇二〇年は非常に厳しい一年になりました。しかし、それは私たちだけではないでしょう。大事なのは目先の利益ではなくて、コロナの問題をどのように捉えるかということです。このような問題は、形を変えて十年あるいは二十年に一度というスパンで必ず起きる試練だと私は捉えています。だから、会社として、人としてのあり方が試されている、困難を前にどういう振る舞いをするかが問われていると感じるのです。そして、それを見ている人が必ずいます。「この会社は本当に社会に必要とされているかどうか」が試されていると考えたら、一時の売り上げの低迷を嘆いてもしかたないと思うのです。

外食産業では休業を余儀なくされているところも多く、バイキングのお店などは全くお客様が入らない状態でした。安心・安全・健康を第一に考えている店ほど閑散としていました。お客層がそういうことを意識している人たちなので、感染リスクを考えて離れてしまったのです。逆に、安心・安全・健康よりも、安さや量を売りにしているお店は、案外売り上げが落ちなかったようです。そういったことにこだわりがない客層だったからなのでしょうか。

真面目にやっていても、こういうことは起こり得るのです。人生においても、何十年に一回、予想もしなかったことが起こります。そのときにどう対処するかが大事なのです。私がスタッフたちといつも話しているのは、自分たちの仕事が社会の役に立って、最後の最後にみんなから「坂東太郎はなんとか残してあげたほうがいいんじゃないか」と言ってもらえる会社でありたい、ということです。

売り上げを考えると今回のコロナ禍で外食産業は大変ですが、お客様が少ないときだからこそやれることがあるのではないか。今までは忙しくてすぐに提供できずにお客様に迷惑をかけていたことができるのではないかと思うのです。

暇になったからどうしよう、どうしようと右往左往してはいけません。立ち位置がブレないでいることが大事なのです。とくに経営者が右往左往すると、従業員は不安になります。だから、何があろうとどっしり構えて、我慢に我慢を重ねて、ブレずに継続することがすごく大事になるのではないかと思っています。

国がなんとかしてくれるだろうなどと当てにしてはダメです。もはやそんな時代ではありません。国そのものが膨大な借金を抱えて青息吐息の状態なのですから、期待をしても仕方ないのです。それは本来の事業のあり方ではないと思いますし、人のあり方としてもどうなのかと思います。そういう会社は、いずれ消え去ることになるのではないでしょうか。

今回のコロナの問題は、経営者としてのあり方、人としてのあり方を問いかけていると私は捉えています。繰り返しますが、いつでもこういう緊急事態が起きる可能性はあるのです。だから、そのときにブレないように今こそ原点に立ち返って、私たちはどんな役割を果たすべきなのか、何を使命として事業を営んでいるのかを考えなくてはいけません。そして、今できることを最大限すればいいのです。

たとえば、坂東太郎グループでは、毎日、お客様に一枚ずつマスクを差し上げるようにしました。特にコロナの患者さんが出た地域では、住民の方たちが敏感になりすぎるほど敏感になっていますから、一枚ずつでも配れば喜んでもらえるのではないかと考えました。すぐに価値は生まないかもしれません。しかし、平常に戻ったときに、「コロナのとき、マスクを配ってくれたよね。あれはありがたかった」と言ってもらえたら、地域のお役に立ったということになるのではないかと思うのです。

私たちは「常に地域の人たちと心価を共有して、共に創り上げる企業でありたいし、地域の人たちの幸せに貢献できる企業になりたい」と思っています。だからこそ、どんな事態が起こっても、地域のために自分たちにできることを考えて実践していくつもりです。

第二章

創業と発展——坂東太郎の四十八年

◉坂東太郎の「おもてなし」を学びに来る海外の視察団

坂東太郎には、国内だけでなく海外からも、多くの人たちが視察にやって来ます。近年、特に増えているのが中国からの視察団です。コロナ禍前の二〇一九年十一月には中国の上場会社の女性社長が社員を三十人ほど連れてきました。非常に熱心で、私が創業からの歩みをお話しすると涙を流して聞いていました。中国人というとドライで合理的な印象がありますが、感受性の高い人たちが勉強しに来ているのだなということを強く感じました。

海外からの視察はずいぶん前から入っています。二十年ぐらい昔は、カメラで店内の様子などをパチパチと撮っている人たちが多かったように思います。それから韓国の企業が年に四、五回やって来るようになり、その後、台湾の企業がやって来て、ここ七、八年は中国の企業に変わっています。

中国の人たちは日本に坂東太郎という会社があるという情報が入って探したけれ

ど、なかなか見つからなかったそうです。そこで和僑会《わきょうかい》の日本支部に電話をかけ調べてもらったというのです。和僑会というのは海外進出をしている日本人企業家が集まった組織で、二十年ほど前に香港で発足しました。この和僑会の事務局から突然電話がかかってきて、中国から坂東太郎に視察に行きたいという申し入れがあったのです。当初はこちらも半信半疑で、受け入れていいのだろうかと戸惑いもありました。ただ、私は和僑会という団体があることは聞いていましたから、その紹介なら大丈夫だろうということで受諾したのです。

最初は数人がやって来ました。その人たちは、カメラであれこれ写真を撮り、チラシをはじめとして持ち帰れるものはなんでも持って帰りました。その人たちが帰って間もなく、今度はバス二台に乗った大人数の視察団がやってきました。最初にやって来たのは会社の幹部の人たちで、「坂東太郎はもう一度見に行く価値がある」という判断のもと、社長や主だった社員たちを連れてきたのです。

その人たちに「何を勉強しに来るの？」と聞いたら、「日本のおもてなしを勉強したい」と言いました。特にここ五年くらいは東京オリンピックの影響なのか、おもてなしを学びたいという中国企業が増えています。坂東太郎だけではなくて、接客の良さで知られているいろいろな企業に視察に行って勉強しているようです。坂東太郎が『カンブリア宮殿』や『ガイアの夜明け』などのテレビ番組に取り上げられたのを見て足を運んでくる人たちも多いようです。もちろん、日本の人たちもやって来ます。各地の商工会議所の人たちが来ますけれど、海外から視察に来る人たちは本当に増えています。コロナ禍前は中国からは月に二回来ることもありましたし、二か月に一度は必ず来ているような状態でした。

その人たちを受け入れるとき、何か聞きたいことがあるかと尋ねると、ある企業の人は「自分たちは二千店舗を持っていますが、このまま数を大きくしたほうがいいのかどうか迷っているのです」と言いました。今までの拡大方針を継続させたほうがいいのかどうか心配しているというのです。

日本ではバブルが弾けて外食のあり方が大きく変わりました。中国でも同じようなことが起こったら同じように変化をするかもしれない。そのときに、重要になってくるのが「おもてなし」であり、「どうやって人を大切にするか」ということではないかと彼らは考えているのです。その背景には人手不足の問題もあるようです。特に上海は人手不足だと言っていました。人手不足になれば、当然賃金も上昇します。そういうことをどう解決するかということを勉強したいということでした。

◉母親の徹底的な躾によって習慣の大切さを学ぶ

そういう視察団の人たちに坂東太郎が現在に至るまでの話をすると、非常に感激してくれます。先の女性社長のように、涙を流しながら聞いてくれる人もいます。講演などで何度も話していることですが、その話を少ししてみたいと思います。

私は一九五一（昭和二十六）年六月四日に、茨城県結城郡八千代村（現八千代町）に生まれました。姉、弟、妹の四人きょうだいの長男です。生家はスイカやメロンや白菜などを作る専業農家でした。当時はどこの家も貧しく、恵まれた環境で育ったというわけではありません。特にうちは青谷家の分家の分家でしたから、生活環境は決して良くはありませんでした。

父・昇は戦争中に心臓弁膜症を患って、農家の力仕事ができなくなっていました。だから、小学校低学年頃には、すでに私が畑仕事を手伝うようになりました。まだ夜が明けきっていない時刻に起きて、父の代わりに重い堆肥《たいひ》をリヤカーに積んで畑まで運びました。早朝の空は深い青色で、白菜が旬の冬には吐く息が真っ白になりました。でも、辛いと思ったことは一度もありません。そうしないと家族が食べていけなかったからです。あれこれ考える前に、とにかく体を動かさなくてはならなかったのです。

母・つなは裕福な家で生まれました。当時としては珍しく女学校も出ていました。そんな人が農家にお嫁に来たのには理由があります。体が弱かったのです。生まれは良かったけれど体が弱かったから、良い縁談がなかなかなかったのです。

私が三、四歳の頃だと思います。身内に家具屋さんがいて、食卓テーブルを作ってくれました。その食卓テーブルには四つの引き出しがついていました。それぞれの引き出しを開けるときょうだい四人の茶碗と味噌汁の椀と箸が入っていて、ご飯を食べ終わったら自分で洗って戻すのです。母はちゃんと片づけができているかどうかを毎回確認して、きちんと戻していたら○、きちんと戻せなかったら×というようにノートにつけました。あるいは、「今日のあなたの仕事はお風呂の水汲み」「今日のあなたの仕事はヤギの世話」というように指示をして、ちゃんとできたら○をつけて、それが習慣になるまで徹底的に教えてくれました。靴を揃えることや物の置き場所なども徹底して躾《しつ》けてくれました。

母の躾《しつけ》で私たちきょうだいは習慣の大切さを学びました。その大切さを教えるためか、母から「躾という字だけは漢字で書きなさい」と言われて、私はやっと字が書けるくらいの年頃に、「躾」という字だけは漢字で書けるようになっていました。

母は教養のある人で、筆で書いても字がきれいでした。妹も母に似て字が上手で、親に似てきれいな文字を書くとよく褒められていました。妹は、学校では級長さんで、成績も優秀でした。母の教育で自然とそういうふうになったように思います。

◉人生の指針となった三つの言葉

子どもの頃の私は、みんなから「良い子」だと言われました。当時を知る人には今でも言われますが、三歳の頃、家にお客さんが来ると、「いらっしゃいませ」ときちんと挨拶をしていたそうです。人の前を通るときには「ごめんなさい」と言って通るような子でした。私はそういう「良い子」を中学一年ぐらいまで続けました。

しかし、中学一年のとき、親から見た良い子を続けていると自分が成長できないと思うようになりました。良い子と言われれば言われるほど、「このままでは自分が大きくなれない」と思ったのです。それで、もう良い子はやめようと決心しました。

その裏には当時の環境の影響も少なからずあったと思います。病気がちだった母が中学卒業する前に亡くなってしまったのです。まだ五十二歳の若さでした。亡くなる前に母が言っていた言葉が今でも忘れられません。

「ご先祖様を大切にしなさい。ご先祖様がよくわからなかったら、先生や先輩を大切にするんだよ」

「大きくなったら、故郷を離れても故郷にいても必ず錦を飾るんだよ。お金持ちになることも大事かもしれないけれど、それ以上に人の役に立つような人になりなさい」

「人が見ているか見ていないかじゃないよ。良いことも悪いことも必ずお天道《てんと》様は見ているよ」

　この三つの言葉は私の人生の指針となりました。

　母が亡くなったのは私が中学を卒業する直前の二月二日でした。私は高校に進学する予定だったのですが、体の弱い父の代わりに自分が長男としてきょうだいを食べさせていかなくてはならないと思い、進学をとりやめました。姉も働いていましたが、とにかく自分が一番の稼ぎ頭にならないとどうにもならないという気持ちでした。

　実は私は、五十歳近くになって高校に行きました。これは母を思ってのことでした。世の中には社長業をやっていて高校を出ていない人はたくさんいるでしょう。だから、恥じることは何一つなかったのですが、もしも母が生きていたら「せめて高校ぐらいは出してあげたかった」と言うのではないかと思ったのです。そう思うと情けない気持ちになって、家族に「高校に行かせてもらうぞ」と宣言したのです。社長業の傍らですから通信制だったのですが、みんな驚いていました。

高校に行こうと決心したとき、私は中学時代にお世話になった校長先生に相談をし、通信制の県立の高校に行くことにしたのですが、これは簡単なことではありませんでした。通信制とは言っても社長業をやりながらですから、とても三年で卒業するのは難しそうでした。時間の制約もありましたが、それ以上に勉強がわからないのです。たまにスクーリングで学校に行くと、十八歳ぐらいの子たちと並んで学ぶのですが、こんなことがわからないのかと自分でも呆《あき》れてしまいました。

まず英語がわかりません。私はローマ字しか習ったことがありませんから、一から学ばなければなりませんでした。それから数学がちんぷんかんぷんでした。高校の数学の教科書を見たときは、「何これ？　どうやって計算するの？」と頭をひねるばかりでした。サイン、コサイン、タンジェントというのが歌の歌詞にあるのは知っていましたが、こういうことを言うんだと初めてわかりました。

こんな調子ですから、試験をすれば絶対に赤点を取るだろうと思いました。それだけは避けたいと、筑波大学の学生に週に二回二時間ずつ家庭教師を頼んで、三年間勉強しました。最終的には卒業させてもらいましたが、赤点を取るのが嫌で、試験の前日には東京で公認会計士をしている次男を呼んで、「明日試験だから教えてくれ」と頼んで教えてもらっていました。そんな悪戦苦闘の末に卒業証書を手にしたときは、ようやく母へ恩返しが一つできたような気がしました。

◉妹の決意と「社長になる」という夢の実現

高校進学を断念した私は、中学卒業後、家業である農業に専念しました。畑仕事に精を出し、妹を高校に進学させることもできましたし、弟も就職させることができました。その一方で、私は年々行き詰まりを感じるようになりました。なんとなく自分が世の中の本流から離れてしまったように思ったのです。高校に進学した同級生は、三年経てば東京の大学へ進学していきます。しかし、自分はずっと農家の仕事をするしかないのです。私は小学校の卒業文集に「社長になりたい」と書きました。しかし、その夢からも離れるしかないのだなと思うと、暗い気持ちになりました。

転機が訪れたのは二十歳に差し掛かるころでした。当時、私は「これから先、農業を続けるのは難しい」と考えるようになりました。何しろ働き手が自分一人しかいなかったので、このまま続けても先が見通せないように思ったのです。そんなときに救いの神が現れました。隣町に新しく蕎麦屋《そばや》がオープンしてアルバイトを募集しているという話を聞いたのです。昼間は農業をやらなくてはなりませんが、夜だけだったら兼業できるのではないか。そう思った私は、「畑仕事が終わってからお願いします」と手を挙げました。そのとき、文集に書いた「社長になりたい」という言葉が雷鳴のように轟《とどろ》き、甦《よみがえ》ってきました。アルバイトをしながら修業すれば、自分の店を持てるのではないかと閃《ひらめ》いたのです。

「よし、社長になろう！」

私は決意しました。

アルバイト先の蕎麦屋は「すぎのや」という屋号で、二十席程度の小さなお店でした。隣町ですから、畑仕事が終わってから車で三十分かけて通いました。昼と夜、掛け持ちで必死に働きました。朝の暗いうちから畑仕事を始めて、蕎麦屋の仕事が終わって家に帰って寝るのはたいていてい夜中の十二時を回っていました。睡眠時間は三、四時間しかありませんでした。

人間というのは、昼と夜と見境なく働き続けると、いくら若くても体を壊すようにできているようです。こんな生活を八か月ぐらい続けたある日、ついに体が悲鳴を上げました。過労で倒れてしまったのです。どのくらい眠っていたのかわかりませんが、目を覚ましたとき、そこには二年前に「先生になりなさい」と送り出したはずの妹のちえ子がいました。先に言ったように、妹は学業成績が優秀で、先生になりたいという希望を持っていました。周りの先生方も「この子なら先生になれる」と応援をしてくれて、高校に進学したのです。私は最初、妹が見舞いに来てくれたのだと思いました。しかし、そうではありませんでした。なんと妹は私が倒れたと聞いて学校に退学届を出して、家に戻ってきたのです。

妹は言いました。

「私が農家をやる。お兄ちゃんはお蕎麦屋さんの仕事をしっかりやって一日でも早く独立して。そうじゃないと家庭が壊れちゃうよ」

これには参りました。みんなの前では泣くのを我慢していましたが、独りになったときに大泣きしました。妹の夢を奪ってしまったのが辛くて悔しかったのです。母が亡くなったとき、自分が一家を背負う覚悟をしていたのに、妹の人生を犠牲にしなければならなかった自分の情けなさに悔し涙がこぼれました。

妹は退学届を出してしまっていたので後戻りはできません。私は妹の決意を無駄にできないと、人が十年でやるところを三年でやろうと誓って仕事に没頭しました。その結果、実際は三年半かかりましたが、二十四歳のときに「のれん分け」をしていただいて独立することができたのです。

◉銀行に通い詰めて十一回目で融資が下りる

当然の話ですが、のれん分けが許されたからと言って、すぐにうまくいったわけではありません。何より資金が足りませんでした。周りの人たちはみんな応援してくれました。お世話になった「すぎのや」の親父さんもそうでしたし、ライバル店の社長さんも私が独立すると聞いて「出資してやる」と当時のお金で三百万円を用立ててくれました。しかし、私はその申し出をお断りしました。ありがたかったのですが、そのお金を借りてしまったら自分が甘えてしまうと思ったのです。

笑い話のようですが、オープンするには七百万円も足りなかったのです。大工さんからは「七百万も足りないんだったら、店なんて作らないほうがいいのに」と言われました。負けず嫌いの私はそれが悔しくて、「なんとしてもお金を借りてやるぞ」と銀行の窓口に日参し、「お金を貸してください！」と融資をお願いしました。まだ二十四歳になる前だったと思います。銀行の人は私のことを全く知りませんから、最初は誰か保証人がついてきているのではないかと私の後ろをうかがいました。しかし、全く一人だとわかるとあっさり断られました。それは当然だと思います。どこの誰とも知らない若者が突然やって来て、「店を開きたい。絶対に成功させるからお金を貸してください」と言うのですから。

でも、私は諦めませんでした。何度も通ううちに銀行の人たちも私のことを認識し始めたようです。何回目かに行ったとき、「また来たぞ」という声が聞こえてきました。断られてもめげずに通い詰めたところ、五回目に初めて「事業計画書」の存在を教えてもらいました。「事業計画書を持ってきてください」というわけです。事業計画書が何かもわからなかったのですが、七回目に行ったときに支店長さんが出てきてくれたので、「借入金七百万、利息は七・八％」と書いた紙を事業計画書として提出しました。

それを見た支店長さんは「こういうのは事業計画書とは言わないんだよ」と言って、年間、四半期、月次の表の作り方や、売り上げアップのためのイベントをどうするかといったことを丁寧に教えてくれました。それで事業計画書を作り直して持っていったのですが、そこでも何度か断られて、ようやく十一回目に融資が下りたのです。これが今に至る坂東太郎の第一歩となりました。

◉弟、女房と三人でスタートする

当初独立するにあたっては、他の蕎麦屋で修業を積ませていた弟の栄二郎を呼んで二人でスタートするつもりでした。弟を蕎麦屋に就職させたのは、自分たちが食べられなかったから食べ物屋がいいのではないかと思ったからです。お金がなくて高校にあげてやれなかったので、集団就職で飲食店に入れたのです。その弟を「五年で独立させてやるから」という条件で呼び戻しました。

ただ、もう一人手が欲しいと思い、当時付き合っていた彼女と結婚をして手伝ってもらうことにしました。それが今の女房のきみえです。よく冗談で言うのですが、人を雇うだけのお金がなかったから結婚するより方法はなかったのです。女房からは「お給料が払えないから、お給料を払わなくてもいい人を見つけたんでしょう」

と、これも半ば冗談ですが、今でも叱られます。

知り合ったのは、私が修業していた「すぎのや」の得意先の高校でした。私は人が好きなので誰にでも話しかけました。すると、お店に来る人も出前先の人も一所懸命働いている私を見て応援してくれるようになりました。

また、私はサービス精神が旺盛で、出前を取ってもらった相手がミカンを好きだとするとミカンを買って一緒に持っていったりしました。そんなことをしていたので、病院に出前に行くと看護師さんたちがみんな手を振ってくれました。高校の校長室や職員室に出前を持っていったときには休憩中の先生方に「おはようございます！」と声をかけて回って顔見知りになっていきました。人と仲良くするのは得意中の得意なのです。

この出前先の高校に女房が通っていたのです。当時、女房は高校三年生でした。毎回、出前をしているうちに話すようになって、やがて店に遊びに来るようになりました。一方の私は一日でも早く店を持ちたいという気持ちから休みなく働いて、夜遅くアパートに帰るという生活でした。

その後、女房は高校を卒業し、一般の会社で事務員として働き始めました。一年ほど経ったときに、私が独立することになりました。そこで私は女房の両親を二時間かけて説得し、結婚を許してもらいました。女房には会社を辞めてもらって、一緒に店で働くことになったのです。

このようにして、私と女房と弟の三人で店はスタートしました。茨城県猿島《さしま》郡境町に四十二坪の土地を買い、住居も兼ねた店舗を作りました。この店はやがて「めん房　ばんどう太郎」となり、現在の「ばんどう太郎」へと繋《つな》がっていくことになりました。

この「ばんどう太郎」という屋号は、利根川の異名である「坂東太郎」から取りました。私は小さい頃から家の近くを流れる利根川に大切なことを教えられてきました。人間に人間としての生命や希望が与えられていることや、瑞穂《みずほ》の国・日本がこれほどまでに恵みに富んでいることも利根川から教わりました。

しかし、あの雄大な利根川も小さな一滴のしずくから始まったのです。一つひとつのしずくが小さな流れを作り、やがて激流となり、関東平野の大きな優しさに抱かれながら豊潤な流れを築き上げ、大海に向かって流れる大河となったのです。

そんな利根川のように、私も一緒に働く人たちと一緒に日本一の幸福を目指して挑戦し続けようと、「ばんどう太郎」を屋号に掲げることにしたのです。

◉逆境のさなかで聞こえてきた母の声

しかし、何事もすんなりといくことはあり得ません。大きな試練が訪れたのは創業から十年近くが経過し、ばんどう太郎の五店舗目を出店した頃でした。時代はバブルの真っただ中で、どこの会社も業績が上がっていました。スーパーマーケットが「今年は五十店出店する」といい、ドラッグストアが「今年は百店出店する」というように、非常に勢いのある時代でした。

ばんどう太郎にもたくさんのお客様がご来店されました。その一方で、スタッフが足りませんでした。当時、百五十人ぐらいはいたと思いますが、それでも忙しすぎて足りないのです。募集広告を出しても誰も来てくれません。それどころか、次々に辞めていきました。後にも先にもあのときほど人が辞めていくという経験をしたことはありません。

　辞表は経理事務を担当していた女房のところに届けられましたが、女房は会社の現状をよく把握していました。あるとき、「お父さん、このままだと倒産しちゃうよ」と難しい顔をして言いました。銀行から七百万を借金し、いろいろな方たちの応援があって始めた会社でしたから、このときの「倒産しちゃうよ」という言葉に込められた危機感は半端なものではありませんでした。あのときの真剣な表情は今でも目に浮かびます。

　私たちは打開策を話し合い、スタッフを辞めさせないために営業時間が終わったらすぐに帰らせることにしました。当時は今ほど食品加工の技術が進んでおらず、前日の営業が終わったあとに翌日の仕込みをする必要がありました。その仕事はスタッフが残業してやっていたのですが、早く帰すようにしたため、私と女房の二人でやらなくてはならなくなりました。一緒に店を始めた弟は五年で独立させるという約束通り、すでに独立していましたから、洗い物や店内掃除なども二人でしなくてはなりませんでした。

私は覚悟を決めて、営業時間が終わると翌日の準備のために毎日五店舗を車で回りました。すべて終わって家に帰って来る途中に母の墓の前を通りました。私は墓の前に車を停めて、明け方の真っ暗な時間に母の墓に手を合わせました。先の見通しが立たず心身ともに疲れ果てた私は、「お袋、助けてくれ」と言って墓にかじりつきました。

毎日そんなふうに墓参りをしていたら、一か月ぐらい経ったときに「幽霊が出る」という噂が立ちました。田舎で墓の周りには電灯もありません。そんな暗い中でお線香をあげていたので、車で通りかかった人が幽霊と間違えたようでした。

そんな騒ぎもあった中、三か月経った頃に母の声が聞こえてきました。空耳ではないかと言う人もいましたが、間違いなく母の声でした。母の声はこう言いました。

「働く人が幸せじゃないから辞めていくんだよ。働いている人を幸せにすることだよ」

その声を聞いて肩の力がすーっと抜けていくのがわかりました。そんな経験をしたのは生まれて初めてでした。

その三日後、私はすべての店舗を休みにして従業員を集めました。そして、全員の前で頭を下げて謝りました。

「これまで一所懸命にみんなの幸せを考えてきたつもりだったけれど、まだ本気じゃなかったのかもしれない。これからは膝を交えて、みんなの話を聞きながら経営をさせてもらいたい」

良い会社を作ってみんなを幸せにするつもりであったことは間違いありません。しかし、私はまだ若かったし、働いているうちに考えが合わなくなることもあったと思います。間違っていたら謝って出直すべきだというのが私の考えでしたから、自分の非を認めて頭を下げたのです。そして、「これからはみんなの話を聞きたい、聞かせてもらいたい」ということで「社長塾」を始めることにしました。一方的にこちらの考えを話すのではなくて、みんなの声を聞かせてもらうための日を設けることにしたのです。この社長塾は今も続いていますが、遠慮のない意見が飛び交います。社長に対する忖度《そんたく》は一切ありません。

私は〝やりたがり〟の性格で、いいと思ったことがあればすぐにでも取り入れたくて指示を出しました。しかし、目の前にたくさんの仕事を抱えている社員たちにすれば、たまったものではありません。私が「どうしてもこれを先にやってくれ」と言えばやってくれますが、それは社長命令だからで、きっと裏では泣いていたのでしょう。私はそれに気がつきませんでした。女房からは今でも、「あの人のこと、泣かせて」と叱られます。私の目の前では泣かないけれど、裏で泣いているところを女房は見ていたのでしょう。

社長塾を始めた当初は、そんな恨みつらみの声も聞かされました。

「社長に何度泣かされたかわからない」

「お茶の中に雑巾のしぼり汁を入れてやりたかった」

「後ろから靴で殴ってやろうと思っていた」

といった辛辣《しんらつ》な声のオンパレードでした。それほど悔しかったのでしょう。しかし、その人たちは今も会社に残って頑張って働いてくれています。その姿を見ながら、本当に申し訳なかったなと心の中で頭を下げています。

社員の話を聞いていてわかったのは、働いてくれる人は非常に鋭い表現をするということです。自分の心のすき間にすっと入って突き刺さるような表現をします。だから怖いのです。いくら私が頑張ってやっているつもりでも、働いている人は違うことを考えているかもしれないと思うからです。

たぶん、いつまで経っても社長と社員が一本の線になることはないのかもしれません。社長と社員の関係は平行線なのだとつくづく感じます。ただ、平行線であることは仕方がないけれど、その幅をできるだけ近づけたい。そのために、どれだけ働いている人に寄り添って、その人の考えを取り入れることができるかということをいつも考えています。平行線の間隔が広くなると、経営は難しくなると思うのです。

その頃は社員のことをできるだけ知りたいと思って家庭訪問までやっていました。正社員だけではなくて、パートさんの家庭訪問もしました。家庭訪問をすると、どんなところに住んでいて、子どもに対してどんな躾ができているかといったことまでわかります。それを見て、「会社としてこの人にどんな応援をしてあげたらいいか」が見えてくるのです。「この人はアパートに一人で住んでいるけれど、部屋はきちんと片づけているから几帳面《きちょうめん》な性格なんだな」「この人はしっかり子どもを躾けているから、役職を上げても大丈夫だな」というように、いろいろな状況が家庭ごとに見えてくるのです。

だから、働く人を知るのには家庭を訪問するのが一番わかりやすいのですが、本人たちは学校の先生の家庭訪問と同じように受け止めていたようで、「社長が来るっていうけど、あなた、お茶菓子は何を出した？」というような話が交わされていたようです。当時は、そこまでやっても社員との間に一体感は出てこなかったのです。相変わらず平行線の幅は広がったままでした。その結果として社長塾を始めることになったわけです。

◉飲食業の原点に気づかされた出来事

しかし、社長塾で社員の意見を吸い上げるだけではなかなかうまくいかないということも感じました。どうすればいいのだろうか……。私は答えを求めて旅に出るようになりました。一回につき三、四日かけて北海道から南に下ってきて、その地域で美味しいと評判の店を回っていったのです。予《あらかじ》めどこに行くと決めて行ったわけではなく、全くあてのない旅でした。

静岡まで来たときに、探していた答えが見つかったように思いました。とあるお寿司屋さんに入って「美味しいお寿司をください」と注文すると、席に案内をしてくれた店員さんが「うちのお寿司はやめておいたほうがいいですよ」と言ったのです。おそらく自分の店のお寿司に自信が持てなかったのでしょう。そのまま正直に私に返答をしてくれたようです。

そう言われたときに、「この人は何を言っているんだろう」とは思いませんでした。店の様子を見て「ああ、なるほど」と納得したからです。同時にドキッとして「これ、ひょっとすると、うちの店にも当てはまるかもしれない」と冷や汗が出ました。思い当たることがあったのです。当時、まだ小さかった子どもたちに「うちのお店に行こう」と言うと「すかいらーくがいい」「デニーズがいい」と言うのです。「なんで？」と聞くと、「うちのお店、汚いもん」「サービス悪いもん」と。これは寿司屋の店員さんと同じことを言っているんじゃないかと気づきました。

そういう気づきがあって、私はもう一回レストラン全体を見直そうと思いました。今でも忘れません。旅から戻ってきて、私は全スタッフに三十％の割引券や、パートさんには二万円分の、ばんどう太郎で使えるサービス券を配りました。これでどれぐらい回収率があるかを見てみようと考えたのです。案の定、回収率は低調でした。無料で食べられるのだからすぐに食べに来ると思っていたけれど、期待したほどではなかったのです。

この結果を見て、私は原点から見直さなくてはダメだと決心して、お米から変えていくことにしました。お米と言えば新潟県の魚沼だというので、トラックに乗って魚沼まで出かけました。その際、事前に二軒の農家の人に電話をかけて「おにぎりを握っておいてください」とお願いしておきました。「炊き立てのご飯を出しますよ」と言うので、「いや、炊き立てじゃなくて、おにぎりがいいんです。一時間か二時間経ったものを食べたいのです」と答えました。どこのお米でも炊き立てはだいたい美味しいに決まっています。私は時間が経ったときに味がどうなるかを知りたかったのです。その結果、二軒のうち、より美味しかったほうの農家から仕入れることにしました。さらに精米機を配置して、その日に食べる分だけ精米をして炊くようにしました。

するとたちまち変化が起こりました。従業員が夕方になってタイムカードを押したあと、店でご飯を食べるようになったのです。「どうしたの？」と聞いたら、「自分の家で食べるご飯より美味しいから」と答えました。美味しいご飯だから食べるという実にわかりやすい答えでした。その後、全部の店に精米機を入れて、今日食べる分量だけを当日精米することに決めました。さらに、精米をして取れた糠《ぬか》を糠床にして、お新香を漬けました。自家製の漬物をお客様に提供しようと考えたのです。

こうして、お米だけでなく、肉だったらどこの牧場のものが美味しいか、野菜はどうかと自分たちで行って確かめてから仕入れるようになりました。そうやって一つひとつ食材から変えていきました。

お米も最初は魚沼産でしたが、時代が変わって地産地消が大切だと言われるようになると、できるだけ県内の農家さんから仕入れるようにしました。茨城県で「食味日本一」という目標を掲げている農協さんと協力して稲作部会を作って、今は七十八軒の農家さんを組合組織にして「ばんどう米」というお米を作ってもらっています。

一つの会社の名前をつけたお米を生産するというのは農協さんにも初めての試みでした。元来、農協さんでは「一等米はいくら」というように買い上げ価格が決まっています。決められた金額で買うほうが安上がりですが、それだと農家さんに行く金額が少なくなります。私はできるだけ多くのお金をバックして、そのお金でお米の作り方を差別化したいと考えました。そこで、バックするためのお金を坂東太郎が出して、仲介業者とも一俵あたりいくらバックするという取り決めをし、そのうえで「ばんどう米はこういう作り方にすると決めたい」という提案をしたところ、農協さんも協力してくれることになったのです。

こんなことは普通できないのですが、協力してくれた農協の組合長さんが茨城県全体の農協のトップになったこともあって、現在まで続けることができています。今では地区ごとの農協の支所に坂東太郎のためだけの看板を立てて、そこに生産者の写真を入れてばんどう米を作ってもらっています。本当にありがたいことです。

経営は一歩一歩です。失敗はつきものです。失敗するからこそ、どうやって失敗を失敗で終わらせないようにするかを私は考えました。そのきっかけとなったのが、「働いている人を幸せにすることだよ」という母の声だったのです。「お袋には亡くなったあとも助けられるなぁ」と心から感謝しています。

◉「売り上げ日本一」から「幸せ日本一企業」へ

母の声が聞こえてから、私は会社の目標を「売り上げ日本一」から「幸せ日本一企業」へと変えました。ばんどう太郎がスタートした頃は、「百店舗、売り上げ百億円」という目標を掲げていたのですが、バブル期に労務倒産の危機に瀕《ひん》して、もう一度会社の目的・目標を従業員とともに見直したのです。

その後、バブルが弾け、平成不況がやって来ました。たくさんの銀行や証券会社が潰れました。レストラン企業も大きいところがバタバタと倒産していきました。私の友人の会社も上場していましたが、よその人の手に渡りました。

そういう姿を横目で見ながら、会社というのは大きくなっても倒産するんだなと思いました。それまで私は、会社の規模が大きくなって上場すれば倒産しないと思っていました。だから、会社を大きくすることが経営者の最大の仕事だと考えていたのですが、そうではなかったのです。

大企業が次々に倒産するのを目の当たりにして、倒産しない会社はどこが違うのだろうかと考えました。本当に大きな会社というのはどういうものなのだろうと本気になって考えたのです。従業員が何万人いても不平不満が多い会社だとしたら、これは大きい会社と言っていいのだろうか、良い会社と言っていいのだろうかなどと疑問を抱くようになりました。

そのとき、外食産業がなぜ外食産業と言われるまでに成長できたのかということを思いました。外食産業の歴史をたどると、その理由は明らかです。大手さんが学卒を採用してしっかり教育して、その教育した人たちが私たちのような中小の会社に中途入社してくれるようになったことで、外食産業に従事する人たちの全体的な底上げができたのです。

しかし、平成不況に入ると、大手さんも「正社員はいらない。パートやアルバイトで十分だ」と考えるようになりました。そして、どこもお金のかからない会社を目指し始めました。ほとんどの会社がお店の看板だけを替えて、安売り店に様変わりしました。そのときに、大手チェーン店の店長たちや後継者が私のところに相談に来ました。彼らは「私たちには夢がなくなった。もう外食産業はなくなってしまった」と嘆いていました。

彼らの話を聞いているうちに、私は「外食産業の枠を超えて幸せ創造産業をやろう。働いている人に幸せを感じてもらえる産業を創ろう」と思いました。相談に来た人たちにその話をすると、「それなら夢が持てる」と目を輝かせました。そこから「幸せ創造企業」という言葉を企業理念として掲げる会社があちこちに出てきました。同業のライバル会社もこの言葉を使ってくれました。

従来のままでは外食産業で働いている人は夢が持てない。働いている人がほんの少しでもいいから「去年よりも今年はよくなったな」と言えるような会社を作りたいと考えました。「ここで働いていて幸せだ」と思う人の数が増えれば増えるほど、倒産は少なくなるだろうと思ったのです。だから、ばんどう太郎も「売り上げ日本一」を目指すのではなくて、働く人一人ひとりの幸せを追求する「幸せ日本一企業」に目標を置き換えて、再スタートを切ったのです。

それが評価をいただいて、『カンブリア宮殿』や『ガイアの夜明け』など、さまざまなテレビ番組で取り上げていただくようになりました。もちろん、すぐに取り上げてもらったわけではなくて、続けたからこそ本物として認められたのだと思っています。

今も平成不況の頃と似たような時代で、どこも人手不足で大変です。私の友人の会社も、最近、倒産しました。その会社はふるさと納税で返礼する「おせち」を請け負っていたのですが、受注が多すぎて年末までに納品できなかったのです。彼は数年前、「会社を買ってくれないか」と相談に来ていました。借入金が売り上げと同じくらいあったので、その金額で買ってほしいという話でした。しかし、蛸屋を引き受けたばかりだったので、先方の提示した金額で買う余裕はありませんでした。兄弟同然で付き合っていたので、私にとっても辛い判断でした。

そのときに私が彼に提案したのは、赤字店を減らして少ない店舗でやろうということでした。彼も「わかりました」ということだったのですが、結局、倒産に至ってしまいました。ただ残念なことが一つ。おせちが不足していることをもっと早く教えてくれれば、ばんどう太郎で作っていたおせちを回すことができたのです。うちにあったおせちが生かせなかったことをすごく悔やんでいます。情報はお互いに共有しないといけないと改めて思いました。

ライバルではありますが、仲間でもありますから、日頃からお互いの情報を持ち合って苦しいときには協力し合えるような関係を構築しておくことは大事です。幸せになるためには、売り上げをいかに大きくするかを考えるより、信頼できる仲間を作っておくことが絶対に必要なのです。それが企業の永続には欠かせないということをこの出来事から勉強させてもらいました。

◉小が大に勝つ経営

私はいつも小が大に勝つためにはどうすればいいかと考えています。その原点にあるのは一つひとつの店舗を大切にする姿勢です。私たちが出店するときも、その地元で頑張っている飲食店があると、なかなか越えることができません。「ばんどう太郎が来るとうちは廃業に追い込まれるよ」と言われるのですが、その小さいお店がばんどう太郎に負けまいと一所懸命切磋琢磨《せっさたくま》すると、廃業どころか前より良くなっていくことがよくあります。

そういう姿を見て私が思ったのは、小さいから大手には勝てないと諦めるのではなくて、小さくても絶対に勝てるという強い意志を持つことが大事だということです。一人ひとりが命がけで立ち向かえば、小が大に勝つことはできるのです。

脳科学者の茂木《もぎ》健一郎先生が「成功と失敗は脳が決めている」と言っています。だから、「できない」と思うのではなくて、難しいことでも「できる」と脳に勘違いさせれば、できないと思ったことができるようになるというわけです。そのためには常に成功イメージを持って事に臨むことが大切です。

小が大に勝つ方法にはいくつかあります。私が考え、実践したのは次のようなことです。

①こちらからは戦わないが、相手から挑まれたら徹底的に戦う

小が大に勝つ第一の方法は、先にも言ったように大きい会社と競い合わないことです。私は「戦わずして勝つ」という戦略を取ってきました。戦うと相手を強くしてしまうので、相手を意識せず、相手と戦わない勝ち方を重視してきました。

相手と戦うというのは、たとえばライバル店のすぐ隣に新しい店をオープンして、敵として戦う意志を前面に押し出して仕掛けていくようなケースです。私たちはそういうやり方は一切しないようにしています。食べ物屋と食べ物屋が隣接したら、お互いにとって良い条件にはならないのは当たり前です。同じ業態の食べ物屋でなければ大丈夫だと言う人もいますが、競合する店は少ないに越したことはありませ

ん。数があれば人は寄ってくるかもしれませんが、間違いなく競争になります。そういう競争に力を入れるくらいなら、多少立地が悪くてもすでにあるお店から離れたところに出店するというのが私たちの基本方針です。

逆に、私たちがすでに出店している隣にライバル店が出店してきたらどうするか。この場合は絶対的に戦います。こちらからは戦いを仕掛けることはありませんが、相手から仕掛けられたら絶対に引きません。このときは先にも言ったように、「絶対に負けない」という気持ちが大事になります。五百店も千店もある大手チェーンであっても、新たにできた店は一店に過ぎません。ややもすると、五百店、千店ある相手に勝てるだろうかと弱気になってしまいますが、出店してきた地域においてはただの一店なのです。だからまず気持ちで負けないことです。

では、どうやって戦うのかというと、この場合、こちらは迎え撃つ側になります。相手が出てくるのは勝算があってのことでしょう。だからこちらも、相手が新店をオープンしたら堂々と戦います。店をリニューアルして、相手がオープンする一か月前にリニューアルオープンの花輪を出して、その地域にローラー作戦を展開して、

PR活動を徹底します。具体的にはサービス券を配って、三か月、四か月と続けて来てもらえるような体制をとります。ここまでやるの？　ここまで勝負をするの？というやり方で、相手がオープンする前に徹底的に戦う準備をするのです。

実際、このやり方であとから来た大手さんと戦って、数か月で撤退してもらったこともあります。

ですから、「小が大に勝つ方法」のその一は、相手が出店している近くには出店しないけれど、相手がこちらの既存店の近くに出店してくる場合は徹底的に戦う準備をして迎え撃つということです。

②相手の価格に惑わされないで独自路線を貫く

「小が大に勝つ方法」のその二は、相手の価格に惑わされないということです。大手さんはおおむね安めに価格設定をします。しかし、それに惑わされてはいけません。ばんどう太郎には独自の価格帯があります。安売り店ができたとしても、自分たちの価格をブレずに維持することが大事なのです。というのは、お客様の中にはもちろん価格を見て来られる方もいますが、ほとんどの方は「価値」で来ると考えているからです。少なくとも私はそう思ってずっとやってきました。

ばんどう太郎は大手の外食企業より客単価が高いはずです。しかし、それでも来てくださるお客様がいるということが大事です。良質の食材を入れ、調理やサービスに手間隙《ひま》をかければ、どうしても価格は高くなります。人件費もかかります。大量に仕入れをすれば安く買えると思う人がいるかもしれませんが、本当に良いものは安く買えません。それをお客様に理解していただいて、目に見えるように提供することによって、「この食材でこんなに手間隙をかけているのなら、これだけのお金を払ってもいいいな」とご理解いただけるのです。

それがお客様に明らかにわかるように表現することが大事です。そのためにメニューもずっと工夫を重ねてきました。今まで来ていただいたお客様に値段が高くても評価をいただいているのは、そのあたりにも理由があると思っています。

大手の土俵に上がって価格競争をしたら絶対にかないません。だから、価格の面でも独自路線を守るというのも、小が大に勝つ秘訣だと思います。

③いくら成功しても同じ店は作らない

ばんどう太郎はいくつもお店を出していますが、別にチェーン展開をしているわけではありません。一店一店、大事にお店を作っています。スタッフにも「ばんどう太郎と同じ名がついていても、お店によって味が変わってもいい」と言っています。同じ味で統一することは必ずしも求めていません。

むしろ、同じであることを私はあまり好みません。仕入れはまとめてしていますし、出汁《だし》も一か所で作っていますが、「うちの味はこれですよ」というのではなく、「甘くして」「しょっぱくして」「辛くして」というようなお客様の好みに応じて現場で調整することを大事にしています。

店作りにしても、大手さんは一つ宝の山を当てると全部を同じように作っていきます。でも私たちは、たとえ今回作ったお店が評判になって行列ができたとしても、次に作る新しい店ではすべて一から見直しをして、悪い点があれば躊躇《ちゅうちょ》なく変えていきます。たとえば、動線の効率が悪かったら、なんとかして半歩だけ歩くことを少なくできないか、というように突き詰めて考えて解決していきます。だから、同じ店ができないのです。

大手さんは同じ店作りをしますからコストが下がりますが、ばんどう太郎は同じ店を作らないからコストが上がります。しかし、それは織り込み済みです。小が大に勝つためには、そういうきめ細かな対応をしていかないと勝てないということです。

◉外食産業を文化にまで高めたい

前にも言ったように、本来、外食産業というのは大手さんが大学を卒業した人を採用して教育したことによって底上げされて成長してきました。バブル前に数百店という規模で大手チェーン店が全国に展開できたのは、学卒の人たちをしっかり教育したからです。しかし、バブルが弾けると、大手さんは店の看板を替えて安売りに転じました。そのときに経営者が口を揃えて言ったのが、「これからは学卒はいらない。パート、アルバイトでいい」ということでした。いちいちお金をかけて教育するのではなく、低賃金で済むパートやアルバイトで回していくという方向転換を図ったのです。ここから外食産業が崩れてきたと私は見ています。

外食産業とは食文化の一つだと私は考えています。中華料理の一流のコックが作る料理は、これぞ食文化だと思わせるものがあります。食文化とは味によって人を引きつけ、人と人を繋ぐ文化なのです。ただ単に食べるという行為だけではなくて、料理を介して人を繋ぐことができるのです。

昔の城主はその土地でとれる美味しいものを食べていました。そこからその土地に独特の食文化が生まれました。それが今も名産品として各地に残っています。つまり、食文化はその土地の歴史を表すものでもあります。

しかし、代わり映えのしない味の安価な食べ物を提供して、自社で社員教育をせずにパートやアルバイトで現場を動かしていくとなると、文化としての価値は下がります。そこで提供される料理は、ただ空腹を満たすためだけの一時《いっとき》の食べ物にすぎなくなってしまいます。

そんな浅はかな行為が長く続きすぎていると思います。外食産業はまだ五十年ぐらいの歴史しかありません。まだまだ未熟な産業だとつくづく感じます。同時に、もう一度、食を文化として取り戻すことが求められているように感じるのです。

私が坂東離宮をオープンさせた理由の一つには、外食産業の中に食文化を取り戻したいという思いがありました。坂東離宮は私が最初に蕎麦屋をオープンさせた、ばんどう太郎の創業の地である境町に作りました。人口わずか二万四千人の小さな町に銀座から足を運んでいただきたいという発想のもとに作ったお店です。銀座に食事に行くというのは珍しい話ではありませんが、銀座から地方の小さな町までわざわざ食事に来てもらおうとは誰も考えないでしょう。しかし、私は本気でそういう店を作りたいと思ったのです。

坂東離宮は入り口がくぐり戸になっています。地元の人は、「このくぐり戸を通るとどのぐらいのお金を取られるのだろう?」と、びくびくしているかもしれません。確かに、和食レストランと考えると料金は高価格に設定しています。値段を下げたほうがたくさんのお客様に来ていただけるでしょうが、食文化という私たちの大先輩たちが脈々と受け継いできたものを容易に「なんでもあり」の形にはしたくなかったのです。「わざわざ遠くから足を運んで来たかいがあった」と思っていただけるような店にしないと、私たちが考えている役割は果たせないのです。

この坂東離宮は、私から地元への恩返しでもあります。地元の人たちの支えがあったから、坂東太郎は四十五年あまりも続けてくることができました。そのお返しとして、地元の食文化のレベルを上げることができればと考えて作ったお店です。遠方からたくさんの方に食事に来ていただき、坂東離宮と共に境町をＰＲしていきたいと思います。

坂東離宮の周りでは、お客様に植樹していただいた苗木を育てています。その木の成長と共に店が成長して、坂東離宮の歴史を紡《つむ》いでいくという壮大なストーリーを思い描いて始めた試みです。植樹をしていただいたお客様には折々に訪れていただいて、自ら植えた木の成長を見守っていただければと願っています。

私たちもその木を枯らすことなく、坂東離宮と共に大きく育て上げていかなければなりません。

第三章

「親孝行・人間大好き」——坂東太郎の人づくり

◉「親孝行・人間大好」という経営理念が働き出して本物になった

坂東太郎は「親孝行・人間大好《だいすき》」を経営理念に掲げています。「坂東太郎グループは『親孝行・人間大好』を実践します」と明言しています。十年後でも二十年後でも、この考えは変わりません。人の生きる道は時代が変わろうと国が変わろうと同じだと信じているからです。

この「親孝行・人間大好」を経営理念にした思いをお話しします。

私は母を早く亡くしていますから、創業後、親孝行をすることができませんでした。それだけに、親孝行のできる環境作りをして社会のお役に立ちたいという気持ちを強く持っていました。自分個人の問題でもあるのですが、親孝行な人を育てることが私の役割なのではないかと考えて、親孝行を経営理念として掲げたのです。

しかし、創業当時は親孝行と言っても当たり前すぎて、誰にも評価されませんでした。「どうして親孝行なんて当たり前で古臭い言葉を掲げているの?」と不思議がられました。そこで親孝行だけではなくて、それと同等の言葉はないだろうかと考えて見つけたのが、「人間大好」という言葉です。これは人を大切にするということです。私たちの仕事は人が好きでないと務まりません。また、社会貢献するといっても人を好きにならないとできません。だから、人が好きになることが親孝行にも通じる道だと考えたのです。つまり、「人間大好」という言葉を加えることで、坂東太郎が親孝行を掲げる意味がよりはっきりしてくるのです。「人間大好」を説明することで「親孝行」を理解してもらえると思ったのです。

この「人間大好」が「親孝行」と一緒になって「親孝行・人間大好」という経営理念が生まれました。十年ほど前から親孝行を掲げる企業や人間大好を掲げる企業が出てきました。それを見たとき、「親孝行・人間大好」の価値がようやく認められたと嬉しい気持ちになりました。その一方で、「うちはずっと前からやっているんだけどな」と思ったものです。

私が親孝行を経営理念に掲げたとき、たった一人だけ、「これはいいな」と言ってくれた人がいました。友人の安井さんという大きな酒屋の社長です。そのとき安井さんは「青谷くん、経営理念というのは働くんだよ。経営理念が働き出すと本物になるんだよ」と言いました。それを聞いたときは「ああ、そういうものかな」と思っただけでしたが、今になってみると、確かに親孝行という経営理念が坂東太郎では働いているのです。親孝行を大切に思う人たちが入社してきたり、親孝行の会社だからいいという評価をいただいています。

安井さんの「経営理念が働き出すと本物になる」という言葉は三十年後に現実になったのです。ある意味では、経営理念が本当に浸透するにはそれぐらいの年月がかかるものなのかもしれません。だから、経営理念は早く作ったほうがいいのです。いくら格好のいい経営理念を作ったとしても、すぐに働くかといったらそう簡単にはいかないということだと思います。

経営理念とは「魂の受け渡し」です。そうでないと決して伝承しません。坂東太郎グループでは、毎年一月に行う事業発展計画発表会が先輩から後輩に魂を引き継ぐ日になっています。社員全員がその日は激しく燃えます。全員にとって特別な一日なのです。いくら立派な経営理念を掲げていても、先輩が読んで後輩が唱和するというようなやり方では決して伝わりません。お祭りの太鼓の音を聞くと自然と気持ちが高ぶるように、細胞の一つひとつが沸き立つような体験が必要なのです。

私たちのグループには「一人ひとりが主役」という言葉がありますが、事業発展計画発表会では、全従業員が壇上に上がります。普通なら幹部が壇上で話をして従業員は聞くだけですが、私たちはそうではありません。全員が交代で壇上に上がって、一言であっても声を発します。文字通り「一人ひとりが主役」になります。それによって、「この会社には自分の居場所がある」「自分はこの会社で必要とされている」ことが確認できるのです。こういう考えを持たない限り、経営理念は伝承できないと思います。

「魂の受け渡し」は一年や二年でできるものではありません。たとえば事業発展計画発表会では、最後に全員が肩を組んで輪になって長渕剛さんの『乾杯』を歌います。この場面は会社案内のＤＶＤにも収められていますが、それを見て、「うちでもあれをやりたい」と言った経営者がいました。そして、その会社でも実際にやろうとしたのですが、結局最後まで全員が肩を組むことはできなかったそうです。

「肩を組んで輪になろう」と口で言うのは簡単ですが、社員同士で肩を組むという経験をしたことがなければ、簡単に見えることでも簡単にはできないのです。坂東太郎の社員が全員で肩を組んで輪になるという背後には、先輩から後輩へと受け継がれた何十年という積み重ねがあります。外から見て「あれは格好がいいから真似したい」と思っても、すぐに受け入れられるものではないのです。

この事業発展計画発表会で、よさこいソーランを踊るグループがあります。これも毎年、先輩が後輩に丁寧に教えています。この日のために、三か月も四か月も前から練習するのです。そういう流れの中ですべてが行われているのです。「経営理念が働き出すと本物になる」という言葉は本当です。そのためには、長い間、一つのことをブレずに貫かなければいけません。創業以来、それを続けているから、坂東太郎は本物として認められるようになったのだと思います。

◉祭りごとを大事にする

坂東太郎グループでは、毎年秋に一泊二日の社員旅行を行います。これも単なる旅行ではなくて、経営理念を伝承するための行事=祭りごとです。私たちの社員旅行はA班、B班、C班の三班に分かれて、それぞれバス四台を連ねて行きます。会長である私と社長はA班からC班までの旅行に続けて参加します。つまり、一泊二日でA班が帰ってきたら、その翌日にはB班と出発し、B班が帰ってきたら翌日にC班と出発するわけです。

社長が社員旅行に参加しても挨拶だけして帰ってくる場合もあるでしょう。私たちのように分散して行く場合は、社長や会長はホテルに残って次の班がやってくるのを待っていてもいいのですが、私たちは最初から最後まで一緒にいます。

バスの移動の間も、社長は最初に一号車に乗って一人ひとりに挨拶をして、途中の休憩所で二号車に移って、また一人ひとりに挨拶をする。そうやって三号車、四号車と移っていきます。会長の私は、逆に最初は四号車に乗って挨拶をして、一号車まで移動しながらみんなに挨拶をします。宿泊先に到着するまでの時間もコミュニケーションをとるために大切にしたいのです。それが会長と社長の仕事だと思っています。

宴会も独特です。通常、一泊二日の社員旅行であれば夕方の五時頃にホテルに入って六時か六時半頃から九時頃まで宴会をします。しかし、私たちの宴会は夜の十一時半頃まで続きます。仲居さんや旅館にしてみれば片付けがあるから早くお開きにしてくれというところでしょうが、我々の宴会では仲居さんたちも一緒になって最後まで楽しんでいます。

そんなに遅くまで何をしているのかというと、全員参加のゲームをするのです。一定の時間になったら社員たちも仲居さんのお手伝いをして料理の片づけをして、空っぽになった宴会場でゲームが始まります。大広間を走り回ったりしてみんなが楽しんでいます。それに仲居さんたちにも参加してもらって、残ってくれた仲居さんたち一人ひとりに寸志を渡してお礼をします。最後にはみんなで「仲居さんたち、幸せになろう」と大合唱をします。すると、仲居さんたちは「私たちのためにここまでしてくれるの」と感動してくれるのです。

そうすると、次にB班が同じホテルに行ったときの仲居さんたちの態度が非常に親しみのこもったものになります。帰りの見送りのときにも、みんなで走って玄関まで出てきてくれます。そしてC班が行くと、それに輪をかけて熱心になってくるのです。要するに、仲居さんたちも私たち坂東太郎のファミリーになってしまうわけです。

坂東太郎グループのようにバスを連ねて行く社員旅行をする会社は最近あまりないようです。仕事の時間が終わればあとは個人の時間というように分けて考えるようになったからでしょう。でも、それは考え違いをしていると思います。上司や先輩から「酒を注げ」と言われるのが嫌だと言うのはわかりますし、酒宴でセクハラまがいのことをされるのが許せないというのは当然です。私たちの社員旅行ではそんなことは起こりません。どうやったら一泊二日という時間の中で全員が有意義な時間を過ごせるかをみんなで考えるからです。毎年行き先も違うし、ゲームも工夫をします。社員旅行の企画を考える担当がいて、どうやってみんなを喜ばせようか、どうやって感動させようかと、一所懸命考えています。

だから、みんな社員旅行を楽しみにしていて、バスの席取りをするために集合時間の三十分ぐらい前に来ているほどです。嫌々参加する人は一人もいません。宴会が十一時半に終わってからも、有志が社長の部屋や会長の部屋にやって来て語り合っています。部屋の中で事業発展計画発表会のようなことをやっているのです。こんな会社はどこにもないと自負しています。

私は、社員旅行はみんなと一緒に旅をしながら人生を語るための〝祭りごと〟だと思っています。旅をしながら、「仕事でこんなことがあった」「こんな苦労をした」「こんな問題がある」といった悩みを聞いてあげることが大事だと思うのです。職場を離れたところで、そういう話をすることに意義があるのです。それが本当に働いている人を大切にするということだと考えています。それを言葉で言うだけでなく実践するための場が社員旅行なのです。

だから、あらゆることに手間隙《ひま》をかけます。本気です。ここまでやるの？　というぐらい徹底的にやりますから、みんな信頼してくれるのです。そういうところからチームとしての団結力が生まれてくるのだと思います。

◉女性活躍の先駆けとなった女将・花子制度

「幸せ日本一企業」を目指していく中で坂東太郎独自の経営システムができあがっていきました。その最たるものが「女将《おかみ》」制度です。この「女将さん」という発想がどうやって生まれてきたのかということについてお話ししてみたいと思います。

一人ひとりの幸せを追求していくためには、働いている一人ひとりに目を向けなくてはなりません。だから坂東太郎では、働いている人も家族という考えでやっています。最近は多くの企業が「働く人も家族」と表現するようになりましたが、私たちは創業時からそう言ってきました。しかし、いろいろな経緯があって、それがうまくいかず、働いている人たちとご縁が結べなかった時期もあります。その反省も込めて、もっと「働く人も家族」という考え方を具現化していこうと思い、その一環として働き方改革の前から女性をどうやって活躍できるようにするかということを考えていました。

そして、一九九三（平成五）年に店員がとんかつ専門店「かつ太郎」を作りました。「かつ太郎」はすぐに評判になって、全国からコンサルタントの先生方が見学に訪れました。その後、その先生たちが飲食関係者を連れてバスで見学に来るようになり、その結果、全国に同じようなとんかつ屋が二百店舗もできました。大きなメニューから器まで真似をする店も現れました。

この「かつ太郎」では、一店舗につき一人か二人の女性を「女将さん」と呼んで、お客様のサービス担当に任命しました。坂東太郎各グループのお店には店長がいますが、店長には多くの経験を積んでもらいたいので、三年ぐらいで異動してもらいます。ところが、チェーン店でも店長が自分の個性を発揮してお客様のご対応をしている店舗では、お客様は店長につくため、店長が異動するとお客様もお店から離れてしまいます。新しい店長が来ると、その店長に新しいお客様がつくのですが、店長が異動をするとまた一緒に離れてしまいます。私はその様子を見ていて不合理だなと感じていました。

そこで、店長ではなくて、サービスを担当する女性店員を前面に押し出そうと考えたのです。そのときに、担当の女性に割烹着《かっぽうぎ》を着せて「女将さん」と呼ぶことを思いつきました。するとお客様は女将さんにつきました。そして女将さんはパートさんですから異動することがありません。結果として店長が異動してもお客様が離れることがなくなりました。

この「女将」制度は働くパートの女性たちにもいい効果をもたらしました。お客様は女将さんになじんでくると「女将さ〜ん」と呼ぶようになりました。女将さんもそう呼ばれるのは嬉しいようで、自然と明るく振る舞うようになりました。彼女たちの働きぶりを見て「女将さん」と言うのは魔法のような言葉だなと感じたことをよく覚えています。

女将さんたちがその気になって頑張れば頑張るほど、宴会の予約が入るようになりました。すると、宴会の日に自分が休みでも「ご挨拶だけでもしに来ます」と自主的に店までやって来て、「今日はありがとうございました」とお客様に挨拶をするような人も出てきました。これは「女将」制度の副産物と言ってもいいと思います。

それと同時に「花子」制度を作りました。坂東太郎ですから、太郎と花子ということで「花子さん」なのですが、こちらは次の女将さんになる人を育てようという発想で、女将さん同様、一つの店舗につき一人か二人を「花子さん」という名称で呼ぶようにしました。

女将さんと花子さんの違いは働く時間の長さです。女将さんは一日に六時間ぐらい、花子さんは三時間ぐらい働きます。花子さんは働く時間が短くてもいいし、夜だけでもいいということにしています。特に夜はアルバイトさんが多くなるため、花子さんにはその人たちの躾をしてもらい、面倒を見るような役割を期待しています。それによって花子さん自身も成長していくのです。花子さんが五時間、六時間と働けるようになれば、将来的に女将さんに変われる可能性もあります。

この女将制度と花子制度は同時にスタートしました。今では「かつ太郎」以外の坂東太郎チェーンにも広がり、一年に一回、女将さんだけ百人ぐらいが集まって女将大会を開くほど定着しています。

女将さんの体験発表を聞くと、こんなことまでしてくれたのか？　と驚くような話が続々と出てきます。

たとえば、障がいを持ったお客様が突然やってきて、「お料理を全部ペーストにしてください」と注文されたことがあったそうです。ペーストにできるかどうかスタッフで話し合った結果、店にあるミキサーでやってみようということになりました。ところが、そのお客様がお選びになったのが天丼だったらしいのです。天丼をペーストにしてしまったら美味しそうには見えません。そこで女将さんが一計を案じて、まず普通の天丼を作って「これをペーストにします」とお客様に見せてからペーストにしてお出ししたのです。それを見たお客様は大変喜んだそうです。

こういうことはマニュアル化できませんし、その場にいてもなかなか思い浮かびません。お客様のご要望になんとか応えたいという気持ちが女将さんにあったからこそできたことだと思います。

また、別の女将さんはこんな発表をしました。

常連のお客様がお越しになったときに、いつも一緒にいらっしゃるおばあちゃんがいませんでした。女将さんが「今日は、おばあちゃんがいないけれど、どうしたの？」と聞いたところ、お客様は「実は亡くなったんです。いつもおばあちゃん、ここに来て食事をしていたから、今日はおばあちゃんを偲《しの》んで食事にきました」と言われました。その女将さんは、いつもおばあちゃんが食べていたメニューを作って、「御仏壇にお供えください」と言ってお客様にお出ししました。お客様は「うちのおばあちゃんのことを覚えていてくれた人がいることが何よりの供養だ。ここにきて良かった」と喜び、感謝されたそうです。

女将さんの体験発表会では、そういう感動的な話がいくつも出てきます。作文は全員に書いてもらいますが、発表するのは十人ぐらいです。誰が選ばれるかは事前に発表しません。その場で発表して読んでもらいます。だから、本人の緊張感もあって、聞いている人も感動して、みんな涙を流しています。

この発表会が何回も積み上がっていくうちに、話を聞いていた人も「先輩がこんなことをやったから、私はこうやる」というような思いが非常に深くなっていくのです。女将さんとしての自覚が自然と芽生えるのです。

私は「こんなことなら思い切ってやっていいよ」「お金がかかってもいいよ」と

いう話を女将さんたちにしています。だから、「私はこうしました」という発表がだんだん多くなってきます。この積極性は見事です。この女将さん大会と同様に、花子さん大会も開いていますが、そこでもとてもいい話を聞くことができます。

◉坂東太郎の「女将さん」にはモデルとなった女性がいる

私たちが「女将さん」という名称にしたのには確固たる理由があります。普通、「女将さん」というと料亭の女将さんとかホテルの女将さんをイメージする方が多いと思いますが、坂東太郎の「女将さん」はそれらとは全く違います。この女将さんは実在の人物で、私が子どもの頃に憧れ、仰ぎ見ていた方なのです。

私が育った地域には五十五軒の農家がありました。その中に一軒の医院がありました。医院の先生は土地の人が「旦那《だんな》どん」と呼ぶ県会議員でもあり、五千坪とも一万坪とも言われる広い敷地の中に建つ大きなお屋敷に住んでいました。そして、その先生の奥様のことをみんなが「女将さん」と呼んでいました。奥様はいつも割烹着を着ていました。あまり家を離れることはなかったそうです。地元の人は誰も女将さんの名前は知りません。知らないまま「女将さん」と呼んでいたのです。

私の家はその先生の所有する土地を借りて農業を営んで生活をしていました。今でもよく覚えています。私がリヤカーを引いてお屋敷まで物を運んでいくと、帰り際に女将さんが白い紙に包んだお菓子を「食べな」と言って手渡してくれました。その女将さんに子ども心にも「女将さん、すごいな」と憧れていました。

こんな素敵な女将さんを会社の中に持ち込めたらいいなというのが、女将制度を始めるきっかけとなったのです。

二〇一九年の暮れに、私は女将さんの生家に行ってきました。女将さんはすでに亡くなっておられましたが、友人の絵描きさんに女将さんの絵を描いてもらって、息子さんに「憧れの女将さんが坂東太郎のモデルになりました」とご挨拶をさせていただきました。

当初、私たちは女将さんのことを表に出すつもりはありませんでした。しかし最近、女将制度を真似する同業者が出てきてテレビでも紹介されたため、まるで坂東

女将《おかみ》由来

わたしは、わたしの育った村に大切なことを教えていただきました。
村には大地主大家さんの家があり、その奥様は、いつも和服に割烹着姿。
子供の頃の憧れの方でした。
村では、誰もが彼女を「女将さん」と呼び、皆に尊敬され、
慕われておりました。
村の憧れのこの女将さんの姿は「坂東太郎の女将さん」の
モデルとなりました。
これからも末永く「女将」をよろしくお願いいたします。

かあさんの
料理には
まけるけど
かあさんの心で
一所懸命に
つくります

太郎が真似をしたように勘違いされることがありました。そこで、女将制度は私たちが最初に始めたことであり、しかも坂東太郎の女将さんは単なる名称ではなくて、ちゃんとモデルになった人がいることをお知らせしようと絵にすることにしたのです。

ご挨拶には坂東太郎の女将さんたちも一緒に連れて行きました。息子さんは「うちの女将をモデルにしてくれたのか」と涙を流しながら喜んでくださいました。続けて「青谷さんはうちの母をモデルにしてくれたのではないかとうすうす感じてはおりました」とも言ってくれ

ました。

私は息子さんに言いました。

「私は育った村に大切なことを教えていただきました。村には大地主である大家さんのお宅があり、そこにはいつも和服に割烹着姿の女将さんがいました。女将さんは子どもの頃の憧れの方でした。村では誰もが奥様を女将さんと呼びました。皆に尊敬され、慕われておりました。この女将さんの姿が坂東太郎の女将さんのモデルになりました。これからもよろしくお願いします」と。

こういうわけで、坂東太郎の女将さんは料亭や旅館の女将さんを単純に真似したわけではありません。すべて私の体験がもとになっています。体験の中から引き出してきたものだから、気持ちがこもっているのです。

◉一人ひとりに役割を持たせる

この女将制度をはじめとして、坂東太郎にはさまざまな責任者制度があります。

それによって一人ひとりに役割を持たせています。アルバイトさんは「フレッシュさん」という呼び方をしていますが、このフレッシュさんたちにも役割を与えています。するとそれが掃除であっても責任を持って取り組んでくれます。必要とされていることが伝わるから頑張れるのです。必要とされないと人はなかなか頑張れません。頑張るためには愛されていることが伝わらないといけないのです。そういうことを現実的に示すのが責任者制度です。

この責任者制度を導入することになった背景には私の苦い経験があります。

あるとき、フレッシュさんに応募してきたお嬢さんが私の目の前で親に連れ去られてしまったのです。ばんどう太郎では創業当初、未成年の学生さんをアルバイトに雇う場合、親の承諾を得ることが条件になっていて、親御さんが承諾した旨のハンコを押した書類を提出してもらいます。その学生さんの書類にも確かに押印してあったのですが、そのお嬢さんは自分でハンコを押して提出していたらしいのです。その後、自分の娘がばんどう太郎で働いていることを知った親御さんが店に乗り込んできて、「こんな店で娘は働かせたくない！」と言って強引に連れて行ってしまったのです。

「こんな店」と言われて、私はものすごく悔しい思いをしました。しかし、悔しがっているばかりでは意味がありません。すぐに何が足りなかったのか、どこが悪かったのかと考え、反省しました。

私はこう思いました。「うちの会社には目標となる何かがなかったのではないか」と。たかがアルバイトかもしれないけれど、アルバイトをする目的が明確になっていなかったのではないかと考えました。そこから、アルバイトの人にも働きがいのある目的を見つけて与えてあげなくてはいけないと思い、全日空（ANA）さんを目標にしたのです。

今はキャビンアテンダントと言いますが、平成初期当時はまだスチュワーデスと言っていました。スチュワーデスさんは女性の憧れ、男性ならパイロットが憧れでした。飛行機の乗務員は乗客の命を預かって目的地まで届けなくてはいけません。私たちのレストラン業も、食という命を預かる仕事をしています。そういう高い意識を持った企業になりたいと思いました。

そのために、フレッシュさんであってもスチュワーデスさんのように、昔で言うと「うちの長男の嫁に欲しい」と声を掛けられるような人に育てようという指針を明確にしました。そして、それを具現化するために、実際に全日空の関連会社から講師を派遣していただいて、高いレベルの接遇を学ぼうと決めたのです。

世間では、社長というのは組織のトップだと思われますが、私が考える社長の役割は、働いている人全員を下から支えることです。だから、一番上にいるのではなく、一番下にいる存在です。従業員の役に立たなかったらタダの人にすぎません。社長は一番下にいながら、背負う荷物は一番大きいのです。そういう大きな役割を担うのが社長です。私はそれを創業からずっと続けてきていますから、「お前は変わっているな」とよく言われます。

そんな社長の役割の一番上に位置するのが従業員一人ひとりに自己実現をさせることだと私は考えています。一人ひとりの夢を設定して自己実現をさせるためには、褒めてあげることが大事です。だから一人ひとりに役割を持たせるのと同時に、社内にたくさんの表彰制度を設けました。

表彰というと、ややもすると結果が数字で見える人が対象となりがちです。そのため、数字では表せない仕事をしている裏方さんは表彰されないことが多いのですが、坂東太郎では、数字では測れない部分を認めて表彰することにしました。

たとえば「一所懸命ナンバーワン」という表彰制度があります。一所懸命頑張った人を認めて表彰するものです。各店の店長が毎月一人を推薦し、幹部会で「今月はこの人にしよう」と決めるのですが、この賞には月間のナンバーワン賞だけでなく年間のグランプリ賞があります。月間ナンバーワンに選ばれた十二人の中から年間ナンバーワンを決めるわけです。グランプリの発表は、翌年一月の事業発展計画発表会で行います。月間ナンバーワンに選ばれた十二人が壇上に並び、その場でグランプリを発表します。グランプリに選ばれた人は本当に喜んで、感激して涙を流します。

また、「笑顔ナンバーワン賞」という賞もあって、同じようにしてグランプリを選んでいます。このようなたくさんの表彰制度を設けることによって、全員が「来月は自分が選ばれるぞ」と意欲を持って仕事に取り組んでくれるのです。

社員の意欲を高めるためのツールの一つとして、「キャリアパスプラン」というものも作りました。これは仕事のレベルに段階をつけて、それをクリアしたら試験を受け、合格すると給料が上がる仕組みです。

この仕組みは家の近くにあった自動車学校のシステムからヒントを得て作ったものです。自動車学校では、たとえば二時間乗って三時間目に課題がクリアできると教官が手帳に見極めのハンコを押してくれて、次の段階に進みます。その積み重ねで仮免許、路上教習と進んで免許を取得するわけです。この自動車学校の手帳を見て面白いと思い、教習項目をレストランの作業に当てはめて、「ここまで行ったら見極める」というレベルチェックを入れながら五段階まで進んだら試験を受けさせようと考えたのです。マネジメントコース、調理コース、ホールコースといったコースを設定して、五段階の試験を合格するごとに給与が上がるというように、給与に連動させました。これがやりがいに繋《つな》がっていくわけです。

坂東太郎ではこういうさまざまな仕組みを考え出して、働く人たち一人ひとりが責任を持って仕事に取り組み、それぞれが仕事で輝けるように導いています。「人を大切にする」と口で言うだけでなく、それを実践しています。だから社内はいつも活気に満ちあふれています。

◉「傍の人を楽にする」というのが仕事の本質

近年は働き方改革が進んでいますが、私が危惧するのは、時短とか有給休暇の消化というようなことばかりに目が向けられているのではないかということです。グローバルの世界で求められているのは、労働生産性をいかに上げるかということで、そこにこそ働き方改革の意義があるはずなのですが、果たしてそれが理解されているのだろうかと首をかしげることもあります。

いつも思うのですが、創業者は意外と経営の勉強をしないまま経営をしがちです。創業が先なので、どうしても経営の勉強は後回しになってしまうのです。本来であれば、日本の労働生産性がどれだけ低いかということを経営者がもっと学ばなければいけないのです。国が働き方改革といくら言っても、経営者が労働生産性を上げるという考え方をしていかなければ意味がありません。私自身、勉強が足りなかったと反省しています。

仕事にはいろいろな業種、業態があります。私は和食という業態が大きな仕事だと昔から思っています。衣食住の中で人間に最も必要なのは食だと考えて飲食の仕事を選んだというのも事実です。私たちは食という命を預かる大きな仕事をしているので、それをどれだけ果たせるかを考えながら働かなくてはいけないと思っています。

外国では働くことは罰のように受け取られますが、日本では昔から「傍《はた》の人を楽にする」のが働くことだと言われています。私自身は、仕事は遊びと似ていると思っています。たとえ与えられた仕事であっても、一所懸命取り組んでいると楽しくなってくるからです。楽しくならないとしたら、まだ本当の仕事をしていないのだと思います。本当の仕事に出会っていないと言ってもいいかもしれません。「傍の人を楽にする」という仕事の意味を理解して働けば、必ず楽しくなってくると思うのです。

会社が思うようにいっているときの楽しさは社長ならではかもしれませんが、一緒についてきてくる人たちにも喜んでもらうことを考えなくてはいけません。私自身、ゼロからスタートしてやってきましたが、山が動くと感じるときがあります。周りから見れば無理だと思えることができてしまうのです。その感覚が得られたときは本当に感動します。一所懸命本気で仕事をしていると、山を動かすこともできるということを感じます。

仕事というのは一所懸命やるから楽しくなるのですが、楽しくなるような環境作りをしてあげることも経営者の大事な仕事です。その人がその場所でいいのか、その環境でいいのかと考えて異動させたり、業態を変えたりして、その人自身が楽しくなれるような、本気で仕事に打ち込めるような、そんな環境作りをするのは経営者や幹部の役割です。もちろん、本人にも努力を求めますが、努力すれば仕事が楽しくなるような環境を作ることが大切です。私は常にそれを心がけてきました。

松下幸之助さんは「箸にも棒にもかからない暗い人間をどうすればいいか」と相談されたとき、「お悔やみの仕事をやらせればいいんじゃないか」と答えたそうです。暗い顔をしているのならお悔やみの仕事が適任だと言ったわけです。そこで実際にお悔やみの仕事につけてみると、どこの会場に行っても暗い顔をしているから、みんなから「あの人はすごい」と感心されたそうです。まさに適材適所だったわけです。

うちの会社にも、いつも苦虫を噛み潰したような顔をした人がいました。彼は年齢も上で社歴も長くなってきていたので、どんな仕事をやらせればいいかと考えて、安全衛生の統括責任者にしました。すると、急に活き活きと仕事をするようになりました。安全衛生の勉強も熱心にして、よく働いてくれました。彼のしかめっ面が安全衛生の責任者にちょうどよかったのです。彼からは、使い方によってどんな人でも活かすことができるということを学びました。

誰にでも向き不向きというものがあります。だから、適材適所で仕事を与えてあげないと人を活かすことができないのです。経営者や幹部は、そういうところを見てあげなくてはいけません。

◉教える人が勉強になるのが本当の教育

お話ししてきたように、坂東太郎グループでは数多くの女性が活躍しています。現在八十四店舗のうち女性店長が七人います。もちろん女将制度も女性活用の一つの形です。店長は計数管理が大きな役割で、女将さんはサービスのリーダーとしての役割を受け持っています。店長と女将さんは夫婦のような関係にあって、お互いの役割が上手に分担できている店はとても良い回転をしています。

女将さんや花子さんの活躍を見て、普通のパートさんたちをどうやって教育したのかと聞かれることがあります。教育は「教え育む」と書きますが、私たちの教育はそういったものではありません。ではどういうものかというと、教える人が勉強になる教育なのです。

たとえば、半年に一度ぐらいの頻度で女将さんの勉強会を開きます。そこでは、女将さんの中でも大女将という人がいて、その人が困ったこととかみんなの意見を吸い上げて問題を共有します。そのうえで、出てきた問題にどうやって対処するか、ブレているところがあれば教育担当が指摘して修正していきます。また、本部側からの要望やお客様が要求されていることを伝えて実践の中で学んでいきます。

それ以外に店長の勉強会もあるし、店長候補者の勉強会もあります。あるいは、お寿司の勉強会やお新香の勉強会など、いろいろな勉強会が毎月のように入っています。社員教育にはとにかくお金をかけています。

バリスタの勉強会のような専門的な勉強は外部講師を呼びますが、それ以外は社内の人間が講師になります。外部の先生をあてにしていると、その先生の会社になってしまうからです。コンサルタントなども同じで、毎月話を聞いていると、いつの間にかその先生の魂が入ってしまって、先生の話は聞くけれど、自分の会社の社長の話は聞かないというような本末転倒が起こるのです。ベースとなる考えを外部の人たちから学ぶことは必要ですが、それを学んだらあとは内部の人間が教えていくようにしないと、その会社の魂が入りません。

だから、講師を派遣していただいて一方的に学ぶだけではダメなのです。自分の会社のことを教えられる人が先生にならないと、本当の教育はできません。そのことに気づいて以来、外部の講師から学んだ内部の社員がそこで教わったことを自分たちの会社に合った形に変えて、今度は自分たちがトレーナーになって教えていくような仕組みを作りました。

そうしてみてわかったのは、教える人は教わる人の何倍も勉強しないと教えられないということです。だから教育というのは「共に育つ」ものなのです。教わる人も教える人もお互いに成長していく。それが教育なのだということを学んで、みんなに責任感や自立心が生まれ、態度が変わっていきました。

坂東太郎の教育は教える人が育つので、教わる人よりも教える人の数を多くしています。小さなチームをたくさん作って、教える側の人を増やしていったのです。

毎年二月には毎日のように研修を行うのですが、研修会場を三か所に分け、それぞれ五十人ぐらいずつ受講者を集めて、トレーナーも別々にして行っています。私も社長も三会場を別々に歩いて、一日百五十人の研修をしています。それが連日のように続きます。二月は外食産業にとっては暇な時期なのですが、坂東太郎では一番忙しい時期になっています。

そして、その研修で何を教えるかというと、人としてどうあるべきか、どうやったら成長できるかといったことです。いわゆる人間学です。たとえば、ハンバーグ屋さんの研修会だったら、ハンバーグが何個売れたらどれぐらいの利益が出るかというような話がほとんどですが、私たちの研修会ではあまりそういう話はしません。良い人が育っていけば、自然と売り上げも上がっていくと考えているからです。

◉自分たちの給料やボーナスは自分たちで決める

この考え方は、一年間の経営計画書作りにも表れています。毎年十月頃に店長たちが全員集合して、泊まり込みで本部とＬＡＮで繋いでやり取りしながら翌年の経営計画書を作るのです。予算書も自分たちで作ります。以前は上から「今年はこれぐらいの売り上げを目標に頑張ってほしい」と数字を出していましたが、ここ二十年以上は店長たちが現場のスタッフと話して意見をまとめて、自分たちで翌年の予算を決めています。自分たちの給料も、いくら売っていくら利益を出すということも、すべて自分たちで決めるのです。

もちろん、売り上げ目標が高すぎると思えば、本部のほうから「もう少し落としなさい」と指示をしますし、目標が低すぎれば「もう少し利益が取れるはずだから、ちょっと上げていこう」というように指示をして数字の調整をします。ただ、ほとんどは自分たちで決めて、一筆書いてハンコを押して、一年をスタートするのです。売り上げを支持高、お客様を支持数に変えることにより取り組みがしやすくなりました。

あまり数字ばかり追いかけたくはないのですが、みんなが幸せになるための裏付けは数字です。ハンバーグを何個売ればどれだけの利益が上がるということは言わないけれど、数字の裏付けが給料やボーナスに反映されるので、数字の達成は大切にしています。

私は組合委員長みたいなもので、いつもどうやって給料を上げられるか、ボーナスをたくさん出せるかを考えています。普通、経営者は「給料を上げるぞ」とか「ボーナスを出すぞ」と表立って言わないものですが、「なんとしても給料を上げるぞ」「なんとしてもボーナスを取るぞ」というように鼓舞することでモチベーションを上げているのです。

給料もボーナスも自分たちで決めますから、予算が未達になると大変です。目標を達成できなければ自分たちで決めた給料もボーナスももらえません。いいときはボーナスのほかに決算賞与まで出しますが、悪いときは何も出ません。金額はオープンにしていますから、みんな納得するしかないのです。

「赤字になってもいい」と言っている企業もありますが、私は「一円でも多く税金を払おう」という考えを大事にしています。これは私の教訓でもあります。創業して五店舗目を出店する少し前だったと思いますが、税務調査が入ったのです。税務署側と私どもの間に、納める税金の認識の相違があったのです。

そのとき、お店を一軒二軒売ってくれと言われて大喧嘩をしました。私は不条理とも思える話をされ、税務署に連れて行かれました。そこで言い合いになりました。「罪を犯したわけでもないのにこんな扱いしないでくれ！」と大騒ぎしました。

しかし、そこで国から来ている統括官が私と本気で向き合ってくれました。その人は「青谷くんな、会社を大きくしたいか。大きくしたいんだったら税金を払おうよ。大きくしたくないのなら今のままでもいい。でも、税金を払わないと絶対に大きくなれないよ」と真剣に諭してくれました。その言葉を私は本気で受け取りました。そのとき、一円でも多く税金を払おうと決めたのです。税務署の中にもこんな考えを持っている人がいるんだなと感銘を受けました。

同時に、金額をオープンにすることによって働く人にやりがいを持たせたいと思いました。数字を明確にしないと会社は成長しないことに気がついたのです。

逆に言うと、数字を明らかにすることで、従業員たちは否が応でも頑張らなくてはならないのです。たとえばこんなことがありました。

二〇二〇年、コロナ禍の初年度、一日営業するごとに赤字になっていくという状況の中で、飲食業界ではどれだけ借金ができるかが勝負でした。国からの補助金は一社につき二百万。一店舗につき二百万ならばともかく一社単位ですから何もできません。

そんな環境に置かれながら、社長は「秋にボーナスを出す」という決断をしました。「これだけしか売り上げがないのに？」と私は驚きました。ボーナスは利益の配分ですから、利益が出なかったらなかなか出せません。給料は出さなくてはなりませんが、ボーナスは別です。赤字ならばボーナスは出せないというのが私の基本的な考え方です。また、この時期にボーナスを出すことで「坂東太郎はコロナ禍でも大丈夫なんだ」と安易に理解されて従業員の危機感が薄れはしないかと心配もしました。

先にお話ししたように、坂東太郎では各店の店長が自分で予算書を作りますから、現状がどれだけ厳しいかは各店長もわかっています。ボーナスが出せるような状況ではないということも理解しています。その中で、社長が「働いている人はボーナスをあてにするだろう」という思いからボーナスを出すという決断をしたのです。

その決断を受けて、会長である私は、社長・幹部が集まった席で「会長としては出さなくてもいいという判断をしていたし、今でも利益が出たらその利益を配分するべきだと思っている」とあえて話しました。ボーナスを出すということが当たり前ではないということを再確認すると共に、一層気を引き締めなくてはいけないぞと檄《げき》を飛ばしたのです。

そういうこともあって、最初の年は本当に苦しい一年でした。でも、うちのスタッフが偉かったのは、みんなが団結してこの苦境を乗り切ってくれたことです。だから賞与が出たときには、私のところに新入社員から「賞与をいただきました、ありがとうございました」と電話がありました。それ以外にもいろいろな人から「この厳しい中で賞与をいただきました。ありがとうございました」と言われました。

坂東太郎のスタッフも「ボーナスが出るのが当たり前」とは思っていなかったのです。だから、お礼の電話をしてきたのです。こんな電話をもらったら、私としても、もっとたくさんのボーナスを出してあげたいと思います。「こんな少しの金額で申し訳ない。もっと出してあげる会社を作らないといけないな」と思いました。そんな会社にすることが上司の務めなのだと再確認しました。

◉坂東太郎のトップにいるのはパートさんやアルバイトさん

私は「店長」という呼び名を変えたいと考えています。店長というと軽く感じてしまうからです。自分たちで経営計画書を作り、予算管理も含めて一店一店のお店の運営をすべて店長に任せているわけですから、彼らは経営者であり、社長なのです。「俺の店だと思え」という意味ではないのですが、任せた以上はその店の社長になったつもりで振る舞ってほしいのです。要するに、店長にも社長と同じような経営感覚を持ってもらう必要があるということです。

各店の売り上げは年間で一億円を超えていますから、相応の肩書が必要だと思っています。今度作った坂東離宮では店長ではなくて「支配人」という呼び名にしています。この「支配人」で呼び名を統一するのも一つの方法かもしれないと考えています。

先にも述べましたが、普通の会社は社長が一番てっぺんにいる存在ですが、坂東太郎では一番下にいて、幹部が最大限に力を発揮できるような環境作りをします。それが社長の役割です。幹部も同じく、働く人たちを下から支えてあげて、労働環境も含めて最大限に働きやすくすることを考えなくてはいけません。

私たちの組織で一番上に位置するのは、現場で働くパートさんやアルバイトさんです。だから、社長や幹部はパートさんやアルバイトさんが働きやすいように環境を整えてあげなければならない。トップは社員の役に立たなかったらタダの人だとずっと言っているのです。

ややもすると社長は上から目線になりがちです。しかし、私は自分が貧乏したからかもしれませんが、それではダメだと思っています。本部と現場の関係も同じです。普通は本部が偉くなってしまうのですが、坂東太郎の本部は現場を最大限に応援して働きやすい環境を整えることが仕事です。「こんな本部の応援があれば働きやすい」という環境を作るのが本部の務めだと思っています。

だから、本部が偉いわけではないのです。本部の支えで現場が良くなれば、結果として本部がよくやってくれたおかげだということになるかもしれませんが、組織的には本部が現場よりも上にあるわけではありません。何より現場を第一に考えるからこそ、優秀な人材が育ってくるのだと思うのです。

コロナの蔓延《まんえん》が深刻になった頃、パートさんたちが「私はこの日は休むから、代わりにこの人を出してやって」というように、自発的に出勤調整をしてくれました。社員の給料は変わりませんが、パートさんは勤務時間を減らせば自分の給料が減ってしまいます。それがわかっているのに、率先して自分たちで調整をしてくれたのです。それを見て、「うちのファミリーさん（パートさん）は素晴らしいな」と思い、心から感謝しました。こんなパートさんやアルバイトさんなのですから、ないがしろにするなんてできるわけがありません。

◉会社の発展は社長や幹部の器量によって決まる

二〇二〇年の坂東太郎グループのスローガンは「坂東太郎愛」でした。坂東太郎への信頼や信用をさらに高めて、熱狂的なファンを作ることを目標として掲げたスローガンです。熱狂的なファンを作るというのは原点に立ち返ることでもあります。

私は、社長の熱狂的なファンができない限り、お客様が熱狂的なファンになってくださることはないと思っています。だから、事業発展計画発表会でこの「坂東太郎愛」というスローガンが掲げられたとき、みんなの前で「このスローガンを達成するためには、どれだけ社長がみんなに愛情を注ぐことができるかにかかっている」と発言しました。相手から愛をもらう前に、まず社長や幹部が従業員をどれだけ愛せるかが大事だと言ったのです。熱狂的なファンになってもらうには、自分がそれにふさわしい人物でなければいけません。社長や幹部の器量が問われているのです。

社長や幹部は、従業員に「頑張ってくれ」「私たちについてきてほしい」と言うことも大事ですが、それ以前に自分がみんなについてきてもらえるような社長なのか、幹部なのかを自問しなければいけません。これは、子どもが成長するためにはお父さんお母さんが尊敬される存在でなければならない、というのと同じです。働く人が「社長や幹部のようになりたい」と思わない限り、この会社にずっといようとは思いません。その意味では、会社の発展は社長や幹部の器量次第なのです。

坂東太郎はそういう大事な時期に差し掛かっていると私は考えています。二〇二〇年は創業四十五周年の区切りの年でしたから、ちょうどいいスローガンだったと思っています。このスローガンを掲げたときは、社長自身、まさか自分の器量が問われることになるとは思わなかったかもしれません。しかし、私はそこが原点だと思ったので、熱狂的な社長ファンが生まれて初めてお客様をファンにする土台ができるのではないかという話をしたのです。スローガンは毎年掲げますが、スローガンの重みを感じながら一年を送ることが大事なのです。

◉出会いによって人生が変わる

私が創業から現在までやってきたことは、人との出会いだと思います。坂村真民《しんみん》先生の「念ずれば花ひらく」ではありませんが、出会いによって人生が根こそぎ変わるという経験を何度もさせていただきました。

私は出会った人には必ず握手を求め、名刺をいただいたら必ず手紙を書くようにしました。そうやって、もう一度会えるような環境を作ることを大事にしてきました。パーティや会合に呼ばれたら、出席者全員と名刺交換をしようという気持ちで率先して動きました。そのために、パーティに行く前にコンビニでおにぎりを買って食べていました。「これからパーティで美味しい料理を食べるのにどうして？」とみんなビックリしますが、パーティに行くからこそ食べるのです。私にとってパーティは人と出会う場です。大切な人と会えるチャンスなのだから、料理を食べている暇など私にはありません。

その結果、日本全国に友達と呼べるような人たちがたくさんできました。北海道から沖縄まで、兄弟のようなお付き合いをさせてもらっている仲間がたくさんいます。「人間大好」と経営理念に掲げているように、私は人が大好きです。昔から家にも毎日誰かが遊びに来ていましたし、泊まっていく人もいました。人が寄ってくるというか、人が訪ねて来てくれるのです。その延長が飲食業に繋がっていったのかもしれません。今日までたくさんの人と出会い、たくさんの友達を作ったことは私の財産です。

私は人だけでなく自然も大好きです。北海道に行けば広くて真っ直ぐに延びている道路に感動しますし、沖縄に行けば空港へ降りるときの景色に感動します。何を見ても感動して涙が出てくるのです。

新宿に初めて高層ビルが建ったときには一日中ビルを眺めて、「これ、人が造ったんだよな」と感動しました。朝から眺めていて、気がついたら夕方になっていました。そのとき、こんな素晴らしいビルを造っている人がいるというのに、それを眺めているだけの自分がふがいなく感じられました。同時に、人にできるなら自分にもできるはずだと思いました。自分でも「こんな人間はいないんじゃないか」と呆《あき》れるぐらい、思い入れが強いのです。

茨城県つくば市に「味の民芸」さんという和食レストランができたときも涙が止まりませんでした。我々のライバルになるお店ですが、「こんなに素晴らしいお店を作ってくれた」と思ったら嬉しくて涙が止まらなくなりました。ライバルではあるのですが、そのときは全く違う感覚で喜べるのです。人とは感受性がちょっと違うのかもしれません。

人との出会いや自然、建物、絵画といったものとの出会いによって、私は刺激を受け、勇気づけられてきました。そこから新しいアイデアが生まれ、坂東太郎の成長に繋がったことも多々あります。人生は出会いに尽きるとつくづく思います。

第四章

百年企業への道

◉寝ても覚めても仕事のことを考えるのが経営者の役割

創業から四十八年経って私が感じるのは、創業者は寝ても覚めても仕事だけを追いかけなくてはいけないということです。皆さんも素敵な彼氏彼女がいたら寝ても覚めてもその人のことばかり考えるでしょう。それと同じで、経営者は四六時中仕事のことばかり考えていなければいけないのです。

今は働き方改革の時代だから、休むときは休み、働くときは働く、という割り切った考え方になりつつありますが、少なくとも経営者がそんな甘い考えを持っていたら会社は持ちません。五時に仕事が終わったらあとは自分の時間だと考えるのは、勤め人であればいいかもしれません。しかし、経営者はそこからが勝負です。仕事とプライベートはきっちり分けたいと考える経営者には、本当の経営はできないと思います。

よく「仕事が好きだから」とか「経営者だからしょうがない」と言いますが、それ以前の問題として、一人でも従業員を採用したら、経営者はその人の人生に責任を持たなければならないと思うのです。人をお預かりするということは、その人の命の時間を使うことだと私は考えています。人を雇うとは経営者にとって非常に重いことなのです。ここは経営者として絶対にブレてはいけないところです。

命の時間を使うというと大げさだと思われる方がいるかもしれませんが、そんなことはありません。従業員の人数が多くなればなるほど、事故が発生する確率は高まります。創業当時に生命保険会社の人から「千人の従業員がいると年間に二名ぐらいは事故で亡くなると考えてほしい」と言われました。そういう統計が出ているというのです。四十年以上前の統計ですから、今はもっと確率は低くなっていると思いますが、従業員が不慮の事故で亡くなったときに経営者としてどう対応するかを考えておかなければならないというのは昔も今も変わりません。

そう考えると経営者の責任は重大だと思います。言葉だけではなくて、実際に寝ても覚めても経営のことを考えなくてはいけません。経営者にはそうであってほしいと思うのです。

◉社長の座は自分で勝ち取らなくてはいけない

「代々初代」という言葉があります。後継者は先代の功績を引き継ぐだけではなく、自分が初代のつもりで仕事に向き合い、よりよいものを創り上げていかなくてはいけないということです。創業者は自分がこの仕事が好きだから始めたというところがあります。だから私は、二代目（長男）にはあまり自分のやり方を押しつけたくないと考えました。二代目の考え方でやればいいと思ったのです。

そのためには、幹部や社員が二代目を認めることが絶対に必要です。そこで現社長に引き継ぐ前、ちょうど創業三十八年の頃に、全社的に見直しを図りたいという理由で役職者全員を役職から降ろしたことがあります。白紙の状態で社長や幹部を選びたいと考えたのです。当然のことながら、役職者からは「ここまで一緒にやってきたのに、どうしてこんなことをするのですか」と責められ、泣かれました。

これは一つの賭けでした。社内からそろそろ息子を社長にしてもいいのではないかという声が上がるかどうかの賭けだったのです。経営者というのは、どこかで節目を作らなくてはいけません。自分自身の覚悟を決める必要があるのですが、そのときは働いている人にも覚悟を決めてもらわなくてはいけません。そういう意図で、幹部全員を役職なしにして、改めて一人ひとりと面談をしました。息子を社長にしてもいいのではないかというような話もさせてもらいながら、一人でも反対する人がいたら社長にするのはやめようと決心していました。「なぜ私が役職を降ろされるのかわかりません」という人には、「みんなからの信頼があったらすぐに戻れるよ」と話しました。涙を流している相手には、こちらも涙を流しながら説明しました。

上場会社であれば、役員会で「次はあなたが社長です」と決めることができたかもしれません。しかし、オーナー企業の二代目は、自分の力で社長の座を勝ち取らなければならないのです。そして社長という役職を継続していくには、自分自身が苦労に苦労を重ねて「自分はこんなことをやってきた」と従業員に語れなくてはいけません。苦労を語れる社長になったときに初めて、「自分は社長だ」と自信を持って言えるようになります。だから私は、息子にそういう環境を作ってあげるべきだと思い、本人にも伝えて、あえて苦労をさせました。

それでも、どこで社長にするかという判断を迫られる時期があります。私は当初、息子が三十歳になったら社長にしたいと思っていました。しかし、実際に社長になったのは三十八歳のときでした。八年間、余計にかかったことになります。私は周りのみんなにも「息子を三十歳で社長にしたい」と言っていました。しかし、八年という時間をかけたことによって、息子の周りに応援してくれる人が増えてきたように思います。

あるとき、店長に昇進した人がその日の朝礼で「今日から店長と呼べ」と言ったことがありました。昨日まで店長ではなかった人が店長になったからと言って、急に「店長と呼べ」と言われても呼べません。信頼感がないと店長とは認めてもらえないからです。社長も同じです。指名されて「今日から社長になりました」と言っても、信頼感がなければそっぽを向かれてしまいます。これは創業者が二代目を後継者にするときも同じで、社員が進んで「社長」と呼べるような環境整備をする必要があります。

そういうことを考えて、時間をかけて新社長を応援してくれる人を増やしていったのです。新社長は「身内だからいいよね」と言われる環境の中にいますから、身内ではない人たちが応援してくれるとはどういうことかを考えるために、息子を含めて全員の役職を解いて、「誰が将来的に社長になるのがいいか、誰がナンバーワンになるのがいいかを一年間かけてみんなで考えていきたい」とお願いしたのです。そして一年後に再度一人ひとりに面接をすると、「息子さんを社長にしてもいいいんじゃないか」と全員から言ってもらえたので、社長を交代することになったのです。

私のやり方は社内を混乱させるだけだったかもしれませんが、みんなよく我慢してくれました。同時に、一年をかけて組織とはどういうものかということをみんなが改めて考える時期になったという気がします。

企業を百年続けるためには、役員会の指名だけで代々社長を継承していくのはなかなか厳しいと思います。松下幸之助さんは二百五十年先までの事業計画を書いたと言われますが、その気持ちはよくわかります。「今の世の中は先が見えない」と言う人がよくいますが、経営者が五年先、十年先を見ていなかったら誰もついてきません。オーナー経営者であれば誰でも、自分の会社は五年先、十年先、二十年先にはこうあるべきだという考えを持って、それを実現するために行動しているはずです。先が見えないというのを言い訳にするのではなくて、見えるような努力をどれだけ重ねていくかが大事なのです。

本気の経営者は夢の中でも経営をやっているものです。いくら本気でも難しい問題が立ちふさがるときがあるということも予測しながら、その困難を乗り越えるのにはどうしたらいいかということも含めて考えていかなくてはなりません。従業員の命の時間を預かっているのですから、先のことはわからないというような無責任なことは口が裂けても言えません。計画通りに行くかどうかは別として、経営者は重大な責任を負っているのだということを、常に胸に置いておかなければならないと思います。

◉当たり前のことを丁寧に続ける

この仕事をやらせてもらうようになってから、私は「本気でやれば誰かが助けてくれる」という言葉を座右に置いてきました。この言葉に支えられ、何度も助けられています。本人がいい加減だったら、誰も本気で応援してくれません。応援してほしいと言ったときに、応援しがいのある人間になっていなければならないのです。常日頃から「坂東太郎は応援しがいあるな」と思っていただけるような行動を示してこそ、初めて応援してもらえるのではないかと思います。そのためには「本気」にならなければいけません。

親孝行という経営理念を掲げているにもかかわらず、社長本人の行いが親孝行から外れていたとしたら誰も応援してくれないでしょう。そういう絶対にブレてはいけない基本的なことを愚直に貫かなくてはなりません。百年続く会社を目指すとしたら、当たり前のことを真剣に、小さいことを丁寧にやるほかないと私は思います。

豊田佐吉さんの記念館を見学に行って知ったのですが、豊田佐吉さんは会社が小さなときから「この判断がお国のためになるかどうか」を考えていたそうです。驚くとともに感銘を受けました。経営をしていると、つい自分の欲で判断したくなるときがあるのですが、佐吉翁のように「将来、お国のため、人のためになるかどうか」という姿勢で判断していかなければいけないなと自戒しました。会計事務所の先生が、「また人のお手伝いですか。お手伝いばかりしていると会社がなくなりますよ」とよく言われますが、その忠告を胸に刻み判断を行うことにしています。

私は全国のいろいろな企業の記念館や博物館に一人で出かけます。京都から電車で一時間ほど行ったところにある綾部《あやべ》市には、グンゼの博物館（グンゼ博物苑）があります。一人で行くと館員の方が真剣に対応してくれます。グンゼの博物館で「グンゼさんはなんで百年も続いているのですか？」と質問をすると、館員の方が「うちの会社は三つのことを丁寧にやってきたおかげで、百年続いてきたんです。一つは挨拶をすること、二つ目は掃除をすること、三つ目は靴を揃えること。この三つを会社の中心に置いてやってきました」と教えてくださいました。

何か特別な秘密があるのかなと思っていたら、挨拶、掃除、靴を揃えるというごく当たり前のことを挙げられたので、逆に感動しました。日常の小さなことを丁寧に行うことこそが実は大きなことで、それが日本の歴史を作ってきたのです。坂東太郎もこういうことを丁寧にできる会社でありたいと思いました。

いろいろな企業の歴史館を歩くと、どこも当たり前のことを真剣にやっていることに気づきます。だから私が次の世代に残すべきことは、経営理念に掲げている親孝行という当たり前のことを一人ひとりがしっかり理解して実践できるようにすること。それしかありません。また、私たちは食べ物を扱う接客業ですから、人間が好きでなければいけません。だから、従業員が人を好きになってくれるような環境を残していく必要があります。それが次の世代に受け渡したいことであり、それを続けることによって坂東太郎が百年も二百年も続く企業になると私は信じています。

◉人を好きになるとは、相手を受け入れること

日本人には相手を受け入れることが苦手な人が多いと私は思っています。相手に寄り添うことはできるのですが、受け入れるというのはそれとは違います。たとえば、「今の若い人たちは根性がない」とか「今の若い人たちはダメだ」というのは、自分の価値観で相手を見ているということです。そこを変えなければ、相手を受け入れることはできません。

学生さんの面接をしていると気づくのですが、こちらが相手の話に真剣に耳を傾けてしっかり受け入れる姿勢を示すと、話が止まらなくなるほどよく話してくれます。しかし、話をさえぎったり、つまらなそうな態度を少しでも見せると、その瞬間に話がストップしてしまうのです。今の人たちは生まれたときからコンピューターがある環境で育っています。そのせいか判断のスピードが昔より早くなっているように感じます。こちらの目を見た瞬間に「この人は私を受け入れてくれるかどう

か」を判断しているような感じすら受けます。

だから、若い人たちと話をするときは、「あなたのことを受け入れますよ」という明確な意思表示をすべきです。私が面接をして話を聞いてあげると、涙を流す人もいらっしゃいます。みんな話をしたいのだけれど、なかなか受け入れてもらえないから話せないのです。それを聞いてあげると心を開いて、話しているうちに涙がこぼれてくるようです。だから、寄り添うのではなくて、受け入れてあげることが大事なのです。

百年続く企業にするということを考えれば考えるほど、デジタルの先には人がいるということを思わざるを得ません。すでにお話ししたようにアリババさんやアマゾンさんといった時代の最先端を行くＩＴ企業のトップたちも、人を見ているのです。

ただし、ここには条件があると私は思っています。人が大事だと言っても誰でもいいというわけではなくて、望まれているのはＡＩと共存共栄できるような人たちです。そういう人たちが中心になる世の中がこれからやってくるという前提で、人を大切にできる会社になることが永続の秘訣になるのではないかという気がしています。

◉会社の危機を感じ取る勘を磨く

人だけでなく会社でもそうですが、一定の成長はするけれど、それ以上なかなか伸びないということがあります。私は社長をしていたとき、会議に出て「今日は普通の会議になっているな」と思うとわざと怒ってみせました。言うなれば、静かな水面に石を投げつけて波紋を巻き起こすようなことをやっていたのです。「こんな穏やかな会議をしているときに、なんで社長は急に怒り出したんだろう」と考えさせて、危機感を持たせることが目的でした。

会議が普通になってしまうのはリーダーの力が弱くなっている証拠です。危機感を持ったリーダーが指揮をとる環境が失われているというのは、会社にとって危険なシグナルです。会社が立ち行かなくなる一歩手前にいるときだと私は考えています。そういうときには引き締めを図らなくてはなりません。

ばんどう太郎には各店の店長から構成されている店長会があります。店長会の会長と副会長は社長や幹部が話し合って選ぶわけではなくて、店長会議のときに投票をして選びます。ただし、解任の権限は社長にあります。店長が選んだ会長が機能しなかったら、そのときは社長が解任権を行使して、再選挙をやらせて新たな会長を選び直すのです。だから「あの人、人気があるから会長にしよう」という人気投票ではありません。実務ができる店長でないといけないのです。人気だけで選んでも実務がダメなら早々に解任されてしまうわけです。これも危機感を持たせるためです。

私は〝勘〟を非常に大事にしています。第六感なんて当てにならないと言われるかも知れませんが、この勘ピューターが私は人一倍働くのです。たとえば、今回のコロナの問題にしても、早い段階で「危ない」という風が吹くのを感じました。そこで、みんなを集めて「会社の一大事だからやれることを徹底的にやろう」と緊急事態宣言を発令し、なすべきことを手早く指示しました。そういう風を感じない人は驚いたり反発したりしましたが、自分の経験に照らして「危ない」という風が強く吹くのを感じたので、早急に手を打ったのです。

だから「今こんな会議をやっているのは不自然だ」と感じると一石を投じるわけです。会議は緊張感の中で行わないと良い会社にならないと私は思っています。発言しない人は会議には出さないというぐらいの危機感が必要です。会議は和気藹々《あいあい》とするものではないし、時間をかけてやる意味はないといつも話しています。

危機感という風が私に吹くのは、自分が貧乏したからだと思っています。今日をどう生き抜くかを全身で体験してきたから、危機に際して勘が働くようになったのです。そういう体験をしていない人にこれから同じ体験をしろとは言えません。だから、常にアンテナを張って危機を感じ取る勘を磨いてほしいと思うのです。

◉あとに続く人に伝えたいこと——百年企業を目指すために

私は「残酷だけれど人間は必ず死ぬ」ということをよく話します。一回しかない人生は他人事じゃないということをわかってもらうためには、死ということを前提で物事を考えていかないと何も始まらないと思うからです。

そんな人生で私が残したいのは、やはり「親孝行・人間大好」という経営理念です。坂東太郎グループで働く人には、きれいごとではなくて、この理念を自分の心の中心に置いて大事にしてほしいと思います。

働く人が一番不安になるのは、会長と社長が違うことをしている場合でしょう。もしも社長が「親孝行・人間大好」という経営理念からブレた行動をしたら、働く人は「前の社長と今度の社長は違うな」と必ず思います。それが一番怖いことです。だから、「親孝行・人間大好」という理念からブレないことが百年企業を作るためには一番大事なことだと思います。

二つ目に大事なのは、社長が本物の経営者になるということです。経営者は働く人を大切にし、仲間を大切にしなければいけません。長く続けているとコンサルタントの先生のようになってしまう経営者がいます。つまり、自分の会社でありながら第三者のようになってしまうのです。

先生というのは〝お見送りをされる側〟ですが、経営者は〝お見送りをする側〟です。経営者はいくつになっても、いくら地位が上がっても、お見送りをする側にいなくてはいけません。それが人を大切にするということにも繋《つな》がります。これはとても大事なことだと思っています。

三つ目は、事業は変化するものだと心得ることです。だから、業態は変わってもいいのです。二十年後、三十年後に私がいなくなったあと、坂東太郎の業態が変化していたとしても、それはそれで構わないと思っています。

大事なのは、業態がどのように変化しても人が働きやすい会社であり続けることです。今のレストラン業でいくら人を募集しても来なくなるとすれば、変化しなければなりません。働く人に選んでもらえない業態なら、変えたほうがいいのです。だから、業態が変わるということを良しとしています。「坂東太郎はこういう業態でやってきたのだから」とか「社長が苦労してやってきたのだから」という理由でレストラン業に固執して継続することは望んでいません。

私自身、坂東太郎はレストラン業を営む会社だとは思っていません。坂東太郎は人を育てる会社でありたいと思っているのです。だから、レストラン業にはこだわりません。その時代の変化に対応できる業態であればいいのです。

大きく言うと、以上の三つのことをこれからの人たちに残しておきたいと思っています。もう一つ挙げるならば、経営者は寝ても覚めても働く人のことを考え、お客様のことを考えてほしいということです。ついてきてくれる従業員とお客様・取引業者様のことを考えられる経営者が最良の経営者だと思うからです。

経営の本質とは給料を払って人を雇うということではなくて、人をお預かりしているということだと私は考えます。この二つはベクトルが全く異なります。「給料を払っているのだから、それは取引じゃないか。取引なのだから、お金を払った以上はこちらの指示に従ってもらう」という経営者もいるかもしれません。しかし、それは違うと私は思います。働く人は坂東太郎という会社に自分の人生を預けているのです。だとしたら、会社がその人の人生を共有してあげなくてはいけません。そういう考えを持たない限り、本質的に誰も社長の片腕にはなってくれないと思います。

社長が働く人の意見を聞かずに常に上から目線で接していれば、働く人も「いつでも辞めてやる。違う会社なんていくらでもある」と思うでしょう。社長が力を持てば持つほど、従業員の反発する力は強くなります。社長が力を持つのもいいけれど、従業員と心が通じ合っていなくては前に進みません。仮に相手が裏切ってもこちらからは絶対に裏切らないというくらいの姿勢を持たなくてはいけません。これも大事なことだと思います。

◉坂東太郎の「5つの誓い」

坂東太郎には次のような「5つの誓い」があります。

① 「絶対に親孝行する」という誓い
② 「絶対にお客様を喜ばす」という誓い

③「絶対に幸せになる」という誓い
④「絶対に働く仲間を大切にする」という誓い
⑤「絶対に地域社会に貢献する」という誓い

この「5つの誓い」の前提にあるのは、その人が坂東太郎と出会ったということです。それを一番大事にしたいのです。私は「人生には誕生日と記念日がある」とよく話します。自分の誕生日のほかに記念日を大事にしようと言っているのですが、坂東太郎に入社した日はまさに記念日だから、お互いに大事にしたいのです。

私たちは入社の記念日は大いに祝います。坂東太郎に入ったということは人生の大きな出会いです。中途入社して来た人にも、坂東太郎と出会って何が違うかということをうるさく語ります。そこで私が何を言うかというと、「坂東太郎に入ってきてもらった以上、絶対幸せになってもらわないと困る」ということです。みんな「えっ？」という顔をしますが、絶対に、何がなんでも幸せになってもらわないと困るのです。

そして「その幸せのなり方をみんなで学ぼうや」と言っています。みんなそれぞれいろいろな人生を送ってきたと思います。学卒の人は坂東太郎が最初の会社かもしれませんが、中途採用者の中には何社も渡り歩いてきた人もいるでしょう。そこで坂東太郎と出会ってしまったということの意味を理解してほしいのです。同時に、自分がなぜ何社も移ることになったのかを考えてもらって、「坂東太郎とよその会社はどこが違うかということを考えていこうよ」と話しています。そのときに、何がなんでも幸せになってもらわないと坂東太郎に入った意味がないということを、じっくり話して納得してもらっています。

毎日幸せを願うと、自分が当たり前のようにやってきたことが違って見えてきます。そうなるために、新しく入ってきた人たちには出勤の仕方から見習ってもらいます。朝起きたときの習慣から変えてもらうのです。不思議なもので、習慣を変えない限り人は変わりません。そのままでは幸せの度合いも変わらないのです。幸せを作るのは生活習慣です。

たとえば、毎日、同じ通勤ルートを車で通ってきていたら、そのうち慣れてきて何も感じなくなります。しかし、週に一回か二回でも通勤ルートを変えてみると、なぜか新鮮な気持ちになるものです。人の考え方もそれと同じです。習慣が変わらない人は、いつも見る角度が一緒なのです。だから、その角度を変えてあげる。そうすると変わっていくのです。

一方で変わってはいけないこともあります。同じ話をしても、何を聞いたかは人によって違います。つまり、受け取り方が違うわけです。だから、幹部の人たちが同じ考えを持っていなければ、従業員はみんなバラバラになってしまいます。同じ話をしても受け取り方が違うのだから、話す側の考え方が違えば、その差はますます大きくなってしまうわけです。その意味で、坂東太郎の5つの誓いは絶対に変わらない、変わってはいけない誓いなのです。

この5つの誓いの中にある「絶対に働く仲間を大切にする」とは、言い換えれば、「悪口や愚痴は絶対に言ってはいけない」ということになります。人が辞める原因はほとんどが人間関係のトラブルです。誰かが愚痴を言い始めたときに、「そんなことを言うのはやめよう」と言えるか、一緒になって「そうだよね」と共感してしまうかの違いで、人生の勝ち組になるか負け組になるかが決まってしまうことがあります。悪口や愚痴は相手を不幸にするだけでなく、自分も不幸にします。

私は「愚痴は感謝の反対語だ」と言っています。「未来の反対語は過去」というのは誰でもわかりますが、感謝の反対語はなんだろうと考えたときになかなか出てこなかったのです。そこで、「じゃあ、感謝の反対語は愚痴にしよう。仲間への愚痴、親への愚痴、会社への愚痴を言っているうちは感謝をしていない証拠だから、感謝の反対語は愚痴にしよう」といって決めたのです。だから、今、坂東太郎の本部のスタッフに「感謝の反対語は？」と聞くと、みんな「愚痴だと思います」と答えます。

そういう決めごとをしないと伝わりにくいので、そう決めているわけです。

ちなみに、坂東太郎のスタッフには辞書を引く人が多くて、わからない言葉があるとすぐに辞書を引きます。それは「働いている人がわかりにくいことはわかりやすくしよう」という考えからやっていることです。坂東太郎が掲げている文章が誰にでもわかるような書き方になっているのはその成果です。

この「5つの誓い」の中で、特に大事なのは「絶対に幸せになる」という言葉です。これは、先に言ったように「今までと同じようなことをしている限りは幸せになれない」「愚痴ばかり言っていたら幸せになれない」ということでもあります。世の中の多くの企業では、お客様優先、お客様第一と言いますが、私たちは会社の中では働く人が一番という考えを貫いています。働く人同士が愚痴を言い合ったら絶対に幸せになれないし、会社も良くならないからです。だから、まず働いている人を絶対に幸せにしなければならないのです。

また、「絶対にお客様を喜ばす」というのは、お客様に喜んでもらえることが自分たちの幸せに繋がるということです。このお客様というのは、より広い言い方をすれば「人」ということになります。人の喜びが自分の喜びになるわけです。そして人を大切にして喜んでもらうことは、そのまま地域社会への貢献に繋がると考えています。「絶対に地域社会に貢献する」とはそういうことです。

このことは坂東太郎の「綱領」でも明らかにしています。「綱領」には次のように書いています。

「私たち坂東太郎は、お客様の満足を第一と考え、
私たち坂東太郎は、与えられた役割を果たし、
働く仲間の幸福を追求し、地域一番店を目指し、
今日も一日〝喜びを求めて〟頑張ります
1. 念じ行動すれば　必ず花開く
2. 努力は決して　裏切らない
3. 幸福は日々　自らの行動にある」

5つの誓いと同じようなことを別の言葉で表しているのです。人によって文章の読み方はさまざまですから、いろいろな表現があったほうがわかりやすいだろうということで、「5つの誓い」に加えて「綱領」を作っているのです。

このうち「努力は決して　裏切らない」というのは、「本気」という言葉の裏返

しだと私は捉えています。この言葉の底にあるのは、母が言った「人が見ているか見ていないかじゃないよ。良いことも悪いことも必ずお天道様は見ているよ」という言葉です。見ていないところだからこそやる価値がある。人が見ていないと自分は思っていても、本気の努力は意外と誰かが見てくれています。そうすれば必ず見ていてくれる人がいて応援してくれる。だから努力は裏切らないのです。いくら努力をしても結果が出ないという人もいますが、仮に努力が裏切るとしたら、それはまだ努力が足りないのだと私はいつも言っています。

◉幸せの公式と坂道の法則

坂東太郎には「幸せの公式」があります。これは「考える×情熱×力能＋親孝行＝幸せ」という式で表されます。

社会に出ると学生の頃と違って表彰状をもらう機会はあまりありません。しかし、社会に出てから表彰状をもらうようなことを成し遂げるのは大事です。自動車学校で仮免許から路上教習を受けて本免許がとれるのと一緒で、社会に出てからが本番なのです。そこで表彰状をもらえるような仕事をするためには、考える目的・目標を明確にして情熱を傾けられる仕事と出会わなければなりません。情熱が力になると思うのです。

また、「力能」とは能力をひっくり返した造語で、「学び続ける力」と定義しています。学生時代は、自分はこれだけ学んだのだから能力を持っていると思いがちです。だから能力に頼ってしまうのですが、社会に出たら能力を持っているだけではダメです。そこに「学び続ける力」をプラスして、時代に合うように学び続けていく必要があります。それを「力能」という言葉で表現しています。

この道に入ったら、誰でもまず情熱を持たなくてはいけないし、情熱を持ったら時代に合った学びを続けていかなければならない。それにプラスして親孝行という坂東太郎の経営理念をブレずに持つことによって幸せになれる。これを坂東太郎では「幸せの公式」と呼んでいます。

こういう公式を作ったのは、社員全員にブレない部分を持ってもらいたかったからです。また、面接に来る学生たちに坂東太郎の考え方を明確に伝えたかったという理由もあります。学生たちに「なるほど」と納得してもらうために、わかりやすい公式にして話しているのです。

また、「坂道の法則」というものも考案しました。自転車で坂道を上ろうとするとき、坂が急であればあるほど、一所懸命にペダルを漕《こ》いでも前に進みません。しかし、そこでもう一息力を入れてペダルを漕ぐと少しずつ先が見えてきます。それと同じように、自分はこんなに頑張っていると思っても、半歩前に出るまで頑張り続けないと前は見えません。もう半歩前に進むと、必ず見えてくるものがあると信じて頑張ることが大切なのです。先が見えなければ自分の頑張りが足りないと思って、もう一息頑張ってみる。そうすれば必ず前に進みます。

社会が平行でなだらかな時代であれば、普通の頑張りでも前に進んでいけるのですが、今のように複雑で先が見えづらい社会ではそれだけでは足りません。そのときに、頑張るのをやめてしまうのではなくて、難しいことを考えずに自分の全力を尽くしてみることが大事なのです。

バブルのときのように世の中が平らであれば、何をやっても大丈夫だという安心感があるので単純に物事を考えることができます。ところが、世の中が複雑になると、みんな複雑に物を考えてしまいます。しかし、複雑に考えるほど答えは見つからなくなります。世の中が混乱しているときには、逆に物事を単純化して考えればいいのです。「これ一本だけ」と考えるほうが前に進むのが早いように思います。

余計なことを考えず、ひたすらペダルを漕いで坂道を上がっていれば、必ず後ろから「お手伝いしてあげようか」と言ってくれる人が現れます。そんな人が現れないとすれば、本人は一所懸命のつもりでも、まだ本気ではないということです。そのときは一層頑張るしかありません。自分を信じて努力をすることです。

◉愛情が足りないと人は辞めていく

長年社員を見てきていると、伸びる人と伸びない人もわかってきます。こちらの思い込みが強すぎて見込み違いになる場合もありますが、基本としては、愛情を注がなければ人は育ちません。創業からの経験で、愛情が欠けたら人は辞めていくということを感じました。だから、シャワーを浴びせるがごとく愛情を注ぎます。それでも相手がこちらの愛情を感じられないようならば、一晩家に泊めて、お風呂に浸ける勢いで愛情を注ぎます。

コロナ禍によって一時中断していますが、私は以前から、社員に対して「今、あの人は元気がないから家に泊めて話を聞いてみよう」ということをやっています。家に来てもらって、女房が作った食事を一緒に食べて、泊まりがけで何を考えているかを聞くのです。逆に、お金がなくて食事が大変だという若い社員が「今日、夕飯ご馳走してください」と言って七人ぐらいでやって来ることもありました。

他社の社長と話をしていて「社員を泊めたことある？」と聞くと、ほとんどの人は「とんでもない、女房に怒られちゃう」と言います。家と会社は別という人がほとんどです。でも、私は家庭というのは会社があってのものだと思っていますから、社員が家に来ることを歓迎しています。

車にしても自分が買ったというより、社員が働いてくれたからこの車に乗せてもらっていると思って大事にしています。社員にも、よその会社の人より良い車に乗ってほしいという気持ちがあります。よく「スーパーカーを何台持っている」と自慢をする社長がいますが、私はあまり好きではありません。それだけ稼いでいい車に乗れるのは社員の頑張りの結果なのですから、私であれば「自由に使っていいよ。彼女とデートをするなら、この車に乗ってもいいよ」と社員に貸し出します。そうすれば、どんなに働いている人が喜ぶかを考えてみてもらいたいと思うのです。

近江《おうみ》商人の「三方良し」（売り手良し、買い手良し、世間良し）という考え方がありますが、坂東太郎では「五方良し」と言っています。この三つに加えて社員と家族も良くなければいけないのです。

先にもお話ししましたが、社員の家庭を見るために創業当時は家庭訪問をしていました。社員が増えてしまい難しくなってやめさせてもらったのですが、自宅に行くと、ご両親や子どもたちと会うこともあり、その人の背景がよく見えてきます。

それによって、「この人に坂東太郎がしてあげられることはどんなことだろう？」と考えて、よりよい働き方を提案したり、部署を異動させたりしていたのです。社員の家族もファミリーの一員と考えて、家庭がよくなる最善の方法を考えたのです。

この家庭訪問を今年度から復活したいと私はみんなに話しています。全員の家を回るわけにはいかないので特定の社員だけですが、家にお邪魔したいと思っています。以前に家庭訪問をしていたときは「お茶菓子に何を出したの？」という話が聞こえてきましたから、「今回は家庭訪問してもお茶菓子はいりません。お茶菓子を持っていきますから」と冗談を言っています。

家庭訪問を再開しようと考えたのは、そこに坂東太郎が今日までブレずにやってきた原点があると思ったからです。

社員も家族もファミリーという考えから、坂東太郎ではコロナ禍の間、社員やその家族に陽性者が出ると「幸せボックス」を届けました。一週間、家から出なくてもすむように、カップラーメンや果物などいろいろな食品に社長の手紙も一緒に入れて「幸せボックス」と名づけて渡したのです。それをもらった人の子どもが「お母さんの会社ってすごいね」とびっくりしたという声も届いています。

陽性になると、もう店に戻れないと思う人もいましたし、家族からも離れなくてはならないと悩む人もいました。でも、一人で悩まなくてもいいように、社長の手紙つきの「幸せボックス」を届けたのです。その人は戻ってくると必ず「良くなりましたので明日からしっかり仕事をやります。ありがとうございました」とお礼を言いにやって来ます。

一時期は急にコロナ患者が増えましたから、随分たくさんの「幸せボックス」を用意しました。そんなことをやっている会社はなかったようで、話をすると「そんなことまでやっているの」とみんなびっくりします。

要するに、「これでもか」というぐらいまでやらないと人はついてこないし、逆にそこまでやれば大体ついてくるものなのです。

◉変化に対応できる人が成長できる人

しかし、それによってその人が成長するかどうかは、また別の話です。ふんだんに愛情を注げば、誰でも一定のところまでは伸びていきます。その一方で、会社も成長していきますから、たとえば売り上げ三十億のときの店長が五十億になったときにそのまま店長でいられるかというと、それは簡単ではありません。売り上げが百億を超えるようになってきたら、十億、二十億の時代の店長では太刀打ちできません。教育が足りないのではないかと言われるかもしれませんが、売り上げが伸びれば必要とされる人も変わってくるというのが現実です。

その逆もあります。つまり、大きな組織で働いていた人が坂東太郎に来ても続かないということがあるのです。

一つ例を挙げると、坂東太郎の売り上げが五億ぐらいのときに、日本銀行に勤めていた人が転職して来たことがあります。しかし、その人は一か月も持たずに辞めてしまいました。一か月はなんとか我慢してくれたのですが、「この会社では働きたくない」と言って、結局辞めてしまいました。そのときは、こちら側にその人を働かせるだけの環境整備が明らかに不足していたと反省しました。

辞めていく人は、会社についていけないから辞めるのです。長い間一緒に働いていた人が辞めるのも、会社の変化についていけないからです。良し悪しは別として会社は変わるものなので、こちらが必要としていても本人が変わらない、あるいは変われないとしたら辞めてしまいます。そういう環境とのマッチングというものがあるように思います。

◉信頼・信用される人でなければ幹部にはなれない

そういう会社の変化に対応しながら成長し続ける人の中から幹部になる人が生まれます。幹部になると売り上げに対して責任を持たなければなりませんが、私はもう一つ重要なこととして、信頼・信用という見えない残高を残してほしいと言っています。売り上げは見えますが、見えない信用・信頼の度合いが深くなれば深くなるほど、その人が幹部として認められることになると考えるからです。だから、見えない信頼・信用の度合いをどれだけ増やすかということが、幹部にとっての大事な心得になってくると思います。

裏返して言えば、幹部の信頼・信用が高まれば、それは間違いなく将来の売り上げ増に繋がるのです。これを疎《おろそ》かにする幹部は、「自分はこれだけの売り上げを上げた」と売り上げ一辺倒になりがちです。大手から転職して入ってくる人の中には、このような「実績だけ見てくれ」「成果だけ見てくれ」という人が多いようです。もちろんそこは見ますが、それは誰にでも見える部分です。私が大事にしたいのは、信頼・信用という見えない残高が増えているかどうかです。これは坂東太郎の幹部心得の第一条と言っていいでしょう。

また、幹部は家庭を大事にして、自信を持って部下に見せてあげられるような家庭を築いてほしいと思います。人に自慢できる家庭を上司は作るべきです。上司が問題を起こしたら、あっという間に信頼・信用を失います。本当に〝あっという間〟です。そうならないように気をつけなくてはいけません。

幹部になればなるほど力を持ちます。社長にでもなればどんなことでもできてしまいます。だから、いっそう身を慎むことが大事なのです。社長や幹部がわがままを言い出したら組織は間違いなく崩壊します。これは往々にして起こりがちなことですから注意しなくてはいけません。良くも悪くも、地位というのは人を変える力を持ちます。発する言葉も行動もみんなが注目しています。それゆえ、上司となる人はみんなの手本となるような人にならなくてはいけません。

私はこの人を幹部にしようと見込んだ人には試練を与えてみます。あるとき、銀行の支店長を経験した人が転職してきました。私はその人をまず洗い場に入れました。当人は「どうして洗い場に?」とびっくりしていました。

しかし、坂東太郎の洗い場で長く働いている人たちはただ者ではありません。新人の所作をよく見ています。たとえば、配属された人の中には「なんでこんなところで働かなきゃならないの?」と愚痴をこぼす人もいます。逆に、文句一つ言わずに熱心にやる人もいます。洗い場のパートさんたちはそういう様子を見ていて、一所懸命にやっている人については三日とか一週間で「あの人は本部に上げてやってください。一所懸命やっているのはわかりましたから」「私たちと一緒に皿洗いやらせないでください」と本部に電話をかけてきます。反対に、愚痴をこぼしたり人の悪口を言うような人については、一か月経っても電話はかかってきません。

現場の人から見れば、現場を大切にする人に上司になってほしいのです。本人には話しませんが、現場に配属した人の情報は確実にキャッチしています。その情報を元に、「あと一日置いたほうがいい」「もう一週間様子を見よう」といった判断を下しているのです。だから、一か月も二か月も現場に置かれる人は、この会社は自分には合わないと判断して辞めてしまうこともあります。

私たちは、洗い場のパートさんが一番大変な仕事を受け持っていることを承知しています。今、上に立っている人は全員洗い場を経験して、その大変さを身に染みて知っています。だから、新しく入った幹部候補生たちにも必ず洗い場に入ってもらって、そこを何日で卒業できるかを経験してほしいと思っているのです。実際、洗い場のパートさんたちから「早く本部に上げてやってください」と推薦された人は、本部でもいい仕事をしてくれています。

二段飛び三段飛びで幹部に登用することもあります。店長からいきなり本部の幹部になる人もいます。飛び越えてもいいと私は思っています。そこにやりがいを感じる人が多いからです。もちろん、あとから入って来た人が自分を飛び越えて昇進したらやりがいをなくす人もいるでしょう。しかし、全体として前向きに考えたら、やりがいに繋がると考えています。

そういう二段飛び三段飛びで昇進する人に共通しているのは、働く仲間やお客様を大切にする人だということです。特に仲間を大切にする人は最大限に応援するというのが会社の方針になっています。中にはお客様には対応がいいけれど、共に働く仲間には良くないという人もいます。しかし、仲間からの評判があまり良くない人は、昇進させたとしてもうまくいきません。信頼されていない人は幹部にはできません。仲間からもお客様からも信頼・信用されるということが大事なことなのです。

最近、大手企業では上司にお歳暮やお中元を贈るのを廃止する動きが出ています。しかし、坂東太郎ではむしろそれを奨励しています。「部下からお歳暮が届くぐらいの上司にならなかったらどうするんだ」と考えるからです。部下にしても、ゴマをするという意味ではなくて、五百円ぐらいのものでもいいし、あるいはハガキ一枚でもいいから、「お世話になりました」と気持ちを示すことが大事です。それは部下が上司を認めた瞬間だと私は思っています。

大手企業が虚礼廃止を進めているとテレビで報じられると、中小企業まで「うちもそういう風にしよう」と追随しがちですが、中小企業が大手と同じ考え方をする必要はないと思います。上司がすでにたくさんの届け物をもらっていて、「うちもテレビでやっているのと同じ状態だな。これは変えたほうがいいな」と言うのなら廃止するのもいいでしょう。しかし、上司になって部下から届け物一つもらったことがない人が廃止を唱えるとしたら、その判断は間違っていると思います。

部下の面倒を一所懸命見て、どれだけ届け物が来るのか。あるいは年賀ハガキは何枚来るのか。それが来ないのに廃止はないと思うのです。虚礼廃止は現在の社会通念だからと、小さな会社でもそれを良しとして認めてしまうのは違うのではないかなと思うのです。

こういうところも、うちの会社の考え方はちょっと変わっているかもしれません。私は、今、自分の会社には何が必要なのかを考えながら社会を眺めなくてはいけないと考えるのです。「テレビで流れているニュースを鵜呑《うの》みにするのではなくて、自分の会社に置きかえて判断をしていくようにしないといけない」とよく話すのですが、社会の流れだけを物差しにするのは危険だと思います。

物事を決定するのに一つの物差しだけで正しい判断を下すのは難しいことです。企画でもそうですが、一案だけではなく、複数の案の中から選ぶのが自然です。第一案がダメなら二案目を検討するというように、いくつかの選択肢が必要だと思うのです。視野を広くしなければ決して正しい決断はできないと私は考えています。

◉おもてなしのキーワードは「スピード」

日本はオリンピックで「おもてなしの国」として注目されるようになりました。しかし、おもてなしというのは簡単ではありません。「おもてなしってなんですか？」と尋ねると、大体同じような答えが返ってきます。だからこそ、他店と差をつけるためにどういう表現をするかが難しいのです。心配りが大事だと言っても、それがお客様に伝わらないと意味がありません。

私は「誰も思ってもみないことをして差し上げることを坂東太郎のおもてなしにしよう」と話して、坂東太郎のおもてなしのキーワードを「スピード」に決めました。思いがけないことを瞬間的にできるスピード――これを坂東太郎のおもてなしにしようと言ったのです。

数年前にこんなことがありました。大雪の日に、女将さんが傘を差してお客様をお出迎えしました。そのとき、お客様が「この店は親切な人が多いね」と言ってくださったというのです。私は「親切なんて言葉、最近、聞いていないな」と思いました。昔の日本人はよく使っていましたが、最近はあまり使っていないような気がしたのです。そういう手垢《てあか》のついていない言葉がすっと出てくると、日本人らしいと感じます。それこそ、おもてなしなのではないかと思うのです。

坂東離宮では「いらっしゃいませという言葉は使うな」と言っています。お客様が玄関から入ってこられたら「お寒いですね、遠方からわざわざ」と言ってお迎えして、席についたらそこで「ようこそいらっしゃいました」と挨拶をするように指示しました。これにどんな意味があるかと言えば、玄関から入って来て「いらっしゃいませ」と言われた瞬間に、お客様は「自分は客なんだな」と思うだろうと考えたのです。あるいは「お金を持ってきたかな」と財布の中身を気にするかもしれません。客という立場になると、どうしてもそんなことを考えてしまう気がするのです。「いらっしゃいませ」と言った瞬間に、他人事になってしまうわけです。

お客様を他人にしないためにはどうすればいいかと私は考えました。坂東太郎は「お客様は家族」だと言っているのだから、家族を迎えるような言葉のかけ方があるはずだ、と。遠くに住んでいる家族を久しぶりに迎えるとしたら、たぶん「遠いところ、ありがとうね。寒かったでしょ」というような言葉が最初に出るでしょう。そして、家に上がって席についたときに、改めて「ようこそいらっしゃいました」と挨拶するはずです。それと同じような迎え方をしたいなと思ったのです。だから、坂東離宮では「いらっしゃいませ」「ようこそいらっしゃいました」という言葉をどれだけ消せるかということを課題にしたわけです。

私が考えた「思ってもみないこと」には、たとえば「お茶がほしいな」と思ったあとにお茶が出てくるのではなくて、「ちょうど飲みたいと思ったんだ」というジャストタイミングでお茶をお出しするといったこともあります。こういうものはマニュアルでは対応できません。店のスタッフがお客様一人ひとりの様子をよく見ている必要があります。難しいと思うかもしれませんが、じっと観察していると、その瞬間がわかるのです。それを「自分の中に風が吹く」と私は言っています。それぞれが坂東太郎流でいいから、そういう行動をすることを良しとして考えてみてほしいとお願いしています。

おもてなしが何かということは日本人であれば大体わかります。だからこそ、そのタイミングが難しいのです。わかってはいるけれど、ちゃんとできる人はあまりいません。そこに価値を置いてチャレンジしようと言っています。

◉おもてなし上手な人は人間的魅力にあふれている

おもてなしは親孝行と似ています。親孝行が大事なのはみんなわかっているけれど、口で言うだけでなかなか実行できません。それを思うだけでなくて、意識してやっていこうということです。他店に差をつけるとしたら、意識するしかないと思います。マニュアル化できないことなので、やり方は人それぞれですが、逆に均一にならないところに面白味があるのではないかと思っています。

それができるようになるためには、人として成長することが欠かせません。おもてなしが上手な人というのは、何より人間としての魅力にあふれています。だから、坂東太郎のおもてなしが評価されるようにするためには、従業員一人ひとりを魅力ある人に成長させることが欠かせないのです。

では、魅力的な人とはどういう人でしょうか。それはいろいろな意見に真摯《しんし》に耳を傾けながら、最後は自分で決断し、行動できる人だと私は考えています。

若い人たちが「自分には親がいないから、迷ったときに相談ができない」と言ったことがあります。私は「お墓に何日か通って親と語りなさい。そうすれば必ず教えてくれる」とアドバイスしました。親がいないから親と語らないというのは、私に言わせればおかしな話です。なぜならば、誰にでも親はいたし、今もお墓の中にいるからです。本気になって親に尋ねれば、必ず答えを出してくれます。

もともと答えは自分の中にすでにあるのですが、何度も足を運んで真剣に問いかけることによって、その答えが浮かび上がってくるのです。「これかな」と思っていたことが確信に変わるのです。

私はそれを実際に体験しています。親の墓へ参って両親と向き合い、あるいは寝ても覚めても仕事の答えを求めていたら、空から言葉が降りてくるという体験を何度もしました。降りてこないとすれば、まだ本気で求めていないからです。

お墓に行って「親父！」「お袋！」と語りかければ、必ず答えを出してくれます。寝ても覚めても答えを求めていれば必ず答えが浮かんできます。私のような平凡な人間でも一所懸命に祈って、一所懸命に考えれば、「こうあるべきだ」という答えを得ることができるのです。

そういう体験を積むことが人間の魅力になってくるのではないかと私は思います。人間、誰しも弱いものです。弱いから人に頼るのです。人の意見を聞いて、人に決断してもらったほうが楽だからです。でも、人に決断してもらったら、うまくいかなかったときに「あの人のせいで失敗した」という逃げ道ができてしまいます。だから、最後は自分で決断を下さなければなりません。それができる人が本当に魅力的な人だと思います。そして、そんな魅力的な人が増えれば増えるほど、会社は強くなれると思うのです。

◉創業五十周年は未来に向けてスタートをする日

坂東太郎は今年、創業四十八年を迎えました。間もなく五十周年委員会を立ち上げる予定です。過去の資料を集めるだけではなく、五十周年でどうあったらいいか、坂東太郎はこうあるべきだということを検討するための委員会を作りたいと思っています。

普通、五十周年というと、過去の歴史を本にしたり、写真集にしたりします。それもありだと思いますが、私はそれ以上に五十周年を迎えて坂東太郎がどうなっているのかということを大事にしたいのです。五十周年をどの位置で迎えられるか、さらなる三十年後、五十年後にはどういう会社であるべきかということを発表できる日にしたいと考えています。

五十周年を迎えられたことへの感謝はもちろんですが、未来に向けてスタートする日にしなければ意味がありません。特に「この業界をこれからどうしていくか」という明確なビジョンを発信したいと思うのです。六十周年を迎えるときにはこうなる、七十周年を迎えるときにはこうなるというものを具体的に見せたいと考えています。

よく言うのですが、私は「今までに何をやってきたかではなくて、これから坂東太郎に何ができるか」ということをみんなと共有したいのです。創業者は苦労話をしがちですが、私はこれからについて社員と一緒に勉強していきたいのです。

過去の積み重ねを大切にしながら、過去にとらわれずに未来に向けて絶えず挑戦していく。それが百年、二百年と続く企業になるための絶対条件なのではないかと思っています。

第五章

人を大切にする会社が日本を救う

◉地域の人たちを巻き込んで大家族を作る

人を大切にする会社の従業員は子どもの数が多いというデータがあります。働く人を大切にするだけではなくて、その家族まで大切にするような会社は、ここ十年ぐらいの統計で見るとどこも子どもの数が多いのです。これは日本が社会的に抱えている少子化という大問題への答えになっているように思います。

人を幸せにすることを日本で一番大切にする会社にしたいという目標を持っている私としては、ここにもっと注目してほしいと思うのです。少子化で人口が減少することによって起こる逆スパイラル現象を正すには人口増が何よりの解決策になります。そして、それを実現するには、社会全体で「幸せになる」ことを考える必要があるのです。

戦後から現在まで、日本では大家族が少なくなって核家族化が進んでいます。近年は子どものいない夫婦や独身者が増えて、家族の規模はますます小さくなっています。私たちの仕事と関連して言えば、おせちが変化してきています。「今は家族が少ないから、おせちも二人で食べられるぐらいの量にしてほしい」「一人で食べられるおせちを作ってよ」という要望が多数寄せられています。時代は間違いなくそういう方向に進んでいます。おせちのニーズは少量・少人数というところにあると言っていいでしょう。

しかし、私たちはあえてその流れに逆らっています。私は「おせちを通じて家族を作るんだ」と言っています。いつもは家にお父さんとお母さんの二人しかいないとしても、お嫁に行った娘を呼ぶとか、隣近所のおじいちゃんやおばあちゃんをお招きして、たくさんの人で一緒に食べるのがおせちというものなのではないかと思うのです。

血の繋がった家族だけでなく、地域の家族といった考え方があってもいいと思います。地域の人たちも含めて家族同然の付き合いをする。それが私の考える大家族主義です。同じ時間を一緒に過ごすことによって、こうしたコミュニティが生まれるのではないかと思うのです。

おせちを小さくすれば、そのチャンスが失われてしまって、ますます小さな家族ばかり作ってしまうような気がするのです。お客様のニーズに合わせることは大事かもしれませんが、これからますます人口が少なくなっていくとすれば、地域も含めて家族という考え方をしていかなければ、社会は今以上に冷え込んでしまうでしょう。

これは坂東太郎が家族レストランを作るときにも考えたことです。家族レストランはお金を儲けたくて作ったわけではありません。家族の絆が薄れている時代に、レストラン業として家族の絆を深めるために役立つお店は作れないだろうかと発想したのです。

そのため、家族レストランはすべて個室にして、そこにお茶のセットを置きました。私たちがサービスをするのではなくて、家族同士、友達同士、あるいは彼や彼女と来たときに、お客様自身にお茶を入れてもらうようにしたのです。そこで「お茶をどうぞ」「ありがとう」といったコミュニケーションが交わされることを期待したのです。レストラン業の務めは、お金儲けだけではありません。時代の環境に合ったレストランを作って、その時代に生きる人を一緒に応援していく。それが使命だと考えています。

◉忘れられた行事を掘り起こす

人を大切にし、人を幸せにするということをみんなが意識して始めれば、二十年後の日本は人口減少に歯止めをかけることができるかもしれません。実際、目を外に向ければ、子どもの数が増えている国も多いのです。中国は長らく一人っ子政策をとっていましたから、これから日本のようになるだろうと言われていますが、世界ではまだまだ子どもが増えている国がたくさんあります。考え方を変えれば、日本も人口増に転換することができるのではないかと思います。

家族が小さくなっているから、おせちも半分や三分の一にすればいいという意見は合理的かもしれません。そうすれば一時的には利益も出るでしょう。しかし、それが社会のためになるかどうかということも考えなくてはならないと思います。

我々は食文化を預かっているのですから、もっと深掘りして考えないとならないと思うのです。

たとえば、ばんどう太郎では日本の伝統文化を継承できるような行事を月ごとのスケジュールに組み込んでいます。赤ちゃんが生まれたらお食い初めのお手伝いをしますし、一歳になったら一生食べ物に困らないように一升餅を背負わせる行事のお手伝いをします。私たちは、人が生まれてから亡くなったあとまでの折々の行事をお手伝いしたいと考えているのです。日本が急成長した時代に置いてきてしまった伝統的な行事を掘り起こして、そのお手伝いをしたいのです。

また、秋になって十三夜とか十五夜には全店でお月見団子を飾ります。そして、「月がツキを呼ぶ」ということで、「次のお月見ができますように」と手を合わせます。

地域の祭りごとを真剣に受け止めると、それが商いになるのです。目的は商いをすることではなくて、日本人が忘れてしまった祭りごとを掘り起こして伝えていくことですが、結果としてそれが商いになっているということです。

天皇家では祭りごとをお祈りとして行っていただいています。私たちはそれと同じようにはできませんが、日本人として祭りごとがどのようにして生きる文化になっているかを理解するべきだと思い、そのお手伝いをしています。「坂東太郎という会社はちょっと気になる。単に金儲けのために仕事をしているのではなくて、日本文化の伝承をしながら商売をやっているんだな」と思っていただけるような会社になりたいのです。

◉社員の躾をすることも社長や幹部の仕事

坂東太郎に関わる人たちはみんな家族だというのが私の考え方です。だから社員には、礼儀作法も親が子どもに教えるようにしっかり教えています。たとえ働く人が千人になっても二千人になっても三千人になっても働く人は家族だと思っていますから、礼儀作法はきちんと教えます。それは社長や幹部の仕事だと思っています。家族を持ったとき、その家族が一歩外に出たときに「あなたの家族は立派だね」と褒めてもらえるような環境作りをするのが社長や幹部の務めです。

外の人に褒めてもらえれば、仕事も頑張れるのです。今は仕事で鬱《うつ》になったり心を病む人が増えています。世の中で褒めてもらえないから頑張れなくなってしまうのではないかと私は思います。良いところを褒めてもらえれば、人は頑張れるのです。

そこで頑張れないとすれば、子どもの頃からの躾が十分でなかったからかもしれません。良いことをしたら褒められ、悪いことをしたら叱られるというように、小さいときからきちんと躾をしてもらった人は、大人になってからも「これをしてはダメ」「挨拶の仕方がダメ」と言われてもよく理解して反省し、改めることができます。それができないと、すぐにめげてしまうのです。

人間は小さな頃に両親や祖父母に教わったことがいくつになっても生き様になっていることが意外に多いように思います。礼儀作法は「つ」のつく歳までに教えろという話をいろいろな先生からお聞きします。つまり、九つまでに教えないといけないというわけですが、確かに躾ができていないと大きくなってから苦労をすることが多いと思います。

その意味でも、教えてくれる人がたくさんいる大家族主義は大事だと思いますし、それが足りていないのなら会社が従業員を家族と見なして躾けることも大事なのではないかと思うのです。

◉大家族主義と親孝行

従業員を家族と見なすと、親孝行の考え方が変わってきます。坂東太郎では親孝行を次のように定義しています。

1. 坂東太郎の「親」とは
目上の人、上司、先輩、親、すべてのお世話になった人を親と言います。

2. 坂東太郎の「孝」とは
相手に理解していただくまで、誠心誠意人に尽くすことです。

3. 坂東太郎の「行」とは
自らの行動で実践し続けることです。

親孝行というのは生んでくれた親にだけするものではなくて、上司、先輩、すべてのお世話になった人に対し、誠心誠意を尽くして実践することだと定義したのです。親孝行というのは、そうであってほしいと思うのです。

そういう人にするためには教育が必要です。

今、子どもたちに、「将来どんな人になりたいですか」と聞くと、ほとんどが「お母さんみたいな人」と答えるそうです。昔ならば、野口英世みたいになりたいとか偉い政治家になりたいと答えたものですが、今は小学校高学年あたりになるとみんなお母さんが理想の人になるようです。子どもたちが偉人の伝記を読まなくなっているのか、小学校の図書室に子どもが夢を持てるような本があまりないのかもしれません。だから、身近にいるお母さんが手本になっているのでしょう。お母さんのような人を目指すのもいいのですが、将来の夢はといったときの答えとしては少し偏っているような気がします。

親孝行のできる子にするために大事だと私が考えているのは、親のお手伝いをさせることです。今の子どもは親の手伝いをあまりしません。親のほうもあまり子どもに手伝いをさせないようです。だから、ばんどう太郎に勤めるアルバイトやパートのお母さんたちが集まったときには、「子どもさんに手伝いをさせてやってくれ」というお願いをよくします。子どもが自立するには、親の手伝いをして一人の人として認めてもらうことが大切です。手伝いをさせると子どもに自立心が芽生えるのです。

私自身がそうでした。親に頼みごとをされると「親からこんな仕事を頼まれた」と嬉しい気持ちになりました。そして、「しっかりやらなくてはいけない」という責任感が芽生え、それが自立心へと繋がりました。同時に、役割が与えられると家庭の中に自分の居場所ができます。

何より親の手伝いをすると親がどんなに苦労しているかがわかります。自分も親の傍でそれを感じていました。親の苦労を知るためには手伝いをすることが一番です。だから、ぜひ子どもたちに手伝いをさせてもらいたいと思うのです。

会社の仕事も大事ですが、家庭が良くなることで会社との一体感が生まれるのです。これが本来の会社と家庭のあり方だと私は思っています。会社だけ良くなることはないし、家庭だけが良くなるということもないのです。家庭が良くなるから会社も良くなるのです。両方が良くならなかったら長く働いてもらえません。

従業員の成長なくして会社の成長発展はないと言いますが、会社の成長発展は会社が利益を出して働く人が成長する環境を作ることによって成し遂げられます。同時に、お父さんとお母さんの仲が良くて明るい家庭でなくてはいけません。家庭の問題で会社を辞めなければならなくなることもあります。だから会社と家庭は両輪なのです。その両輪を経営者や幹部はよく見てあげなくてはいけません。

この大家族主義のあり方については違う意見もあるでしょうし、違っていいのではないかと私は思っています。目的が一緒であれば、いろいろな方法や角度があるのは当然です。ダイバーシティ（多様性）というように、いろいろな答えがあるのが自然だし、その中からいいものを採り入れていけばいいのです。大切なのは一人ひとりを受け入れてあげることであり、孤独にしないことだと思います。

◉一番は社員、二番は取引業者、三番がお客様

昔、歌手の三波春夫さんが「お客様は神様です」と言っていました。私は「社員は神様です」とまでは言いませんが、働く人を大切にすることが一番大事だといつも言っています。社員が働いてくれるから坂東太郎があるのです。誰も雇わず自分の家族だけで経営しているのならば別ですが、スタッフを抱えている以上、経営者は社員のことを一番に考えなくてはいけません。パートさんやアルバイトさんももちろん一番です（先に触れたように社員よりも上位です）。

社員の立場で考えると、経営者が暴君だったとしたら「この社長にはついていけない」と思うでしょうし、大切にされれば「よし、社長のためにも頑張ろう」と思ってくれるものです。だから、社員が一番なのです。社員を神様に祭り上げるのは違うと思いますが、社員が一番であるという順番は変える必要はないと考えていま

す。

もちろんお客様は大事ですが、一番にするといろいろな問題が起こります。最近もSNS上に投稿された一部の人たちの店内での振る舞いが社会問題化しています。あそこまでひどくないにしても、こちらが何も悪くないのにお金をわざと落として「金、拾え」と命令するような人もいます。そんな人も神様のように思わなければならないのかというと、それは違うと思います。

私はスタッフを信じてあげたい。お客様を信じないということではなくて、大家族主義を取っている以上はスタッフを信じるのが親としての社長や会長の務めだと思うのです。社員は家族であり、家族がお客様のために精一杯努力してくれているのですから信じるのは当然です。

では、二番目は誰かと言うと、仕入れ先の取引業者さんです。業者さんにもいろいろあって、「これは大手のレストランでも使ってもらっていますから、坂東太郎さんもいかがですか」とやって来る人もいます。そういう人には「そんなに使ってもらっているのだったら、うちは要らないですよ」とお断りします。逆に、ある大手業者の開発担当者が「まだ、これ、他でも使っていないんです。坂東太郎さんに最初に持ってきたんですよ」と言ってきたことがあります。そう言われたら、取引先にならないといけないなと思います。

「あそこのレストランで使っているから」「ここで売れているから」と言って売るのではなくて、どこにも出していない商品を坂東太郎に真っ先に持ってきたと言ってもらえることが嬉しいのです。そういう商品であれば、お客様にも自信を持ってお出しできます。だから、坂東太郎のお客様を喜ばせてくれる業者さんはどこにも負けないぐらい大切にしてあげなくてはならないと思っています。

そして三番目がお客様です。これはお客様を考えるからこその順番で、お客様をないがしろにしているわけではありません。社員を大切にし、業者さんを大切にすることによって、お客様に満足していただける本物のサービスが提供できると考えているからこそ、こういう順番になるのです

私は取引業者の人たちとよく一緒に旅行をします。そのときに「奥さんを一緒に

連れてきて」と言うと、「何十年も社長をやっていますが、女房を旅行に連れてきてといってくれた会社はどこにもありません」と驚かれ、「自分の女房のことまで心配してくれる」と喜んでくれます。私は業者さんと良い付き合いをしたいから、社長の奥さんとも顔見知りになりたいのです。これは駆け引きではなくて本音です。取引は会社と会社の関係ですが、私は相手の会社の人も大事にしたいのです。

これも大家族主義という考え方の一つです。私は大家族主義を会社や地域や学校などにも広げていけば日本を救うことができるのではないかと本気で思っています。それが薄れてきたから、今、日本が崩れかけているのだと思うのです。昔の日本は地域にしても人と人との関係がもっと濃かったように思います。

今は海外からいろいろな情報が入ってきます。特に欧米で行われていることを良しとする風潮が強くあります。欧米がグローバルスタンダードなのだと考えているように見えるのです。もちろん良いこともたくさんあるでしょうが、日本の文化や伝統に合わないことまで取り入れる必要があるでしょうか。

最初に言ったように、これからは共創の時代です。世界では勝つか負けるかの競争が行われていますが、勝ち負けの競争は今の時代にふさわしくないと私は思います。子どもたちのために新しい共創の時代をどうやって作っていくか。それは私たち大人に突きつけられた大きな課題です。今は新しい時代に転換できるかどうかの瀬戸際にあると考えています。それだけに、世界は共創の時代に入っていることに一刻も早く気づいてほしいと思うのです。

◉「してあげる幸せ」こそ最高の幸せ

統計によると、日本という国は子どもの頃の幸せ度は結構高いけれど、歳をとるほど低くなる傾向にあるそうです。海外の国は逆で、歳をとればとるほど幸せ度が高くなっています。これは大きな問題だと思います。歳をとるほど幸せになるのでなければ、生きるのが辛くなるばかりです。なぜそうなっているのか、もっと真剣に考える必要があります。

私が従業員の意見を聞かずに経営をしていてボロクソに批判されたのがきっかけ

で始まった社長塾では、みんなの話を聞いて、「この人が言ったことをどうやって実現していくか」と考えます。それは社長や幹部の仕事なのですが、社員にとっては、自分の意見に社長や幹部が耳を傾けて理解しようとしてくれることが一番嬉しいことなのです。それは自分を認めてくれるということだからです。

「必要とされる」ことも大事だけれど、その前に「必要としてあげる」ことが大事なのです。「認められる」のもいいけれど、「あなたを認めてあげる」という上司が必要です。あるいは、「愛される」のも良いけれど、「愛してあげる」という人がいないとダメなのです。

ここは間違いやすいところだと思います。「必要としてもらう」ことは誰もが求めています。だから、「必要としてあげる」人がいなくてはならないのです。経営者はそういう上司を作らなくてはいけません。

私は「三つの幸せ」があると考えています。まず生まれてから三歳頃までは「人にしてもらう幸せ」があります。「ああ、こんなことをしてもらって幸せだな」という幸せです。次に二十歳ぐらいになると「できる幸せ」があります。「あっ、こんなこともできるようになったな」と感じる幸せです。そして三つ目は三十代後半ぐらいになったときの「してあげる幸せ」です。「こんなこともしてあげることができる」という幸せです。これが一番大事だと思うのです。

この「してあげる幸せ」を感じることができると、人として立派に成長していきます。ところが、今の日本社会を見ると、みんな、「してもらう幸せ」ばかり求めているように思えます。子どもみたいな環境の世の中になっているように見えるのです。

子どもの頃は、お父さん、お母さん、おじいちゃん、おばあちゃん、みんなに「してもらう」ばかりでした。そのまま大きくなって、今でも「国は何をしてくれるの？」「地域は何をしてくれるの？」「友達は何をしてくれるの？」、そして結婚したら「あなたは私に何をしてくれるの？」と求めてばかりいます。社会がそういう幼い子どものようになってしまっていることに危機感を覚えます。

だからこそ「してあげる幸せ」を知ってもらいたいのです。相手に何かしてあげることは本当に幸せです。その結果、「あなたという人がいて嬉しい」と言ってもらったら、これ以上の幸せはありません。

今はそれが薄れてきているようです。特にコロナの時期、すべてとは言いませんが、国が何をしてくれるのかと求める人が増えてきたように見えます。それは弱者の考え方です。強い人がいなくなったら、国は立ちゆかなくなります。

◉強い人、強い会社をつくるために国がするべきこと

人としての強さが失われた一つの原因として、教育の中で「道（みち／どう）」を学ぶ人が少なくなってきたことが挙げられるかもしれません。「道（どう）」を修練修行して、自分で「道（みち）」を切り拓いていく。道（どう）から道（みち）になるというのが、本来の道のあり方だと思うのです。

道（みち）というのは先人の歩いてきた道を歩くのか、それとも、今から未来を開くための道なのか。今までは先人の道を歩いてきたような気がします。つまり、先人の切り拓いた道を私たちは追ってきたのですが、最近はそれを学ぶ人も少なく

なっています。たとえば私が長年続けている空手道でも、あるいは剣道でも柔道でも、学ぶ人が減っています。昔はそこで礼儀作法も教わり、心技体を鍛えていましたが、それができなくなっています。

今は優しさが大事だと言われます。それは確かにそうですが、その意味を勘違いしているように思うのです。優しさの本質は、「強い人だから優しくなれる」ということです。あの人は誰にでも優しいというのは本当の優しさではないと私は思います。修練を積んで強くなった人が勝ち負けの勝負を離れたとき、本当の優しさが生まれるのです。何も学ばないで優しくしているのは、都合の良い優しさです。それは全く相手のためにならない優しさであり、優しさの勘違いだと思います。

道（どう）を学ばないと、日本人はこれから大変なことになるでしょう。文化の価値観はいろいろありますが、日本に昔からある道を継承していくことは絶対に必要です。それを国が全面的に応援しなければならない、具体的には教育の中にしっかり取り入れる必要があるのではないかと思うのです。

あるとき、国の関係者から坂東太郎の聞き取りをやりたいと連絡を受けました。何を聞かれるのかとスタッフは心配しましたが、私はその依頼を受諾しました。そして、日頃の思いをぶつけました。

私はそのとき、「よく国は施策としてお金をばらまくけれど、これはあまりいい結果を生まないと思う。むしろ、地方で経営者が頑張れるとしたら、国から褒めてもらうことだ」と言いました。国としては中小企業を助けようという気持ちでお金をばらまくのかもしれませんが、これも間違った優しさのような気がしてなりません。そんなことをするよりも、国から日頃の活動を評価し表彰してもらうほうが、よほど力になると言ったのです。

大手上場会社であれば、経済産業省などから賞をもらうようなことがよくあります。しかし、上場していない小さな会社だと「この会社は頑張っているから表彰します」ということは滅多にありません。だから、国から「この会社はこの件で頑張っている」と表彰してもらうと、経営者は喜んで一層頑張るものです。県知事から表彰してもらうだけでも頑張れるという経営者がたくさんいるのですから、国から表彰されたらもっと頑張れるはずです。

二〇一三年、坂東太郎は経済産業省が、業界を問わずおもてなし経営を実践している企業を選ぶ「おもてなし経営企業選」五十社のうちの一社に選出されました。国から選んでもらった以上、期待に応えないといけないという気持ちになります。この五十社の選定は毎年続けているものですが、中小企業にとって、とても励みになるいい施策だと思います。お金をバラまくには限度がありますから、もっと人を歓喜させるような施策を打ち出してもらうといいのではないか。国の担当者には、そんな勝手な話をさせていただきました。

それからもう一つお願いがあると私は言いました。納税は教育・勤労とともに国民の三大義務の一つだということは知っているけれど、もっと納税意欲を高められるような方策はないだろうか、納税して良かったと思われるような施策を考えてもらえないだろうか、と。

私たちはたくさん納税しても、「ありがとう」とは言ってもらえません。義務なのだから当然かもしれませんが、たとえば、たくさん納税したら納税額に応じて今回のコロナ禍のような緊急事態のときに納税していてよかったと思える施策を考えてほしいと思うのです。

前にもお話ししましたが、私は税金で苦労をしましたから一円でも多く払うと決めています。そう決めているからこそ、今年は大変だというときに、納めた中の一部でも貸し出してもらえるような仕組みができないだろうかと話をさせてもらいました。国の担当者は「なるほど。節税というのはあるけれど、納税意欲を高めるという言葉は聞いたことがない」と笑って聞いていましたが、ぜひなんらかの方策を検討していただきたいものです。納税意欲を高めることは、強い企業を育てることにも繋がると思います。

◉コロナ禍で再認識した大家族主義の大切さ

二〇二〇年三月にオープンした坂東離宮は、オープンの三か月前には半年ぐらい先まで予約がすべて埋まっていました。町をあげての一大行事だったのです。町長をはじめ境町のみんなが応援してくれて、「坂東離宮でお祝いやろう」「坂東離宮でこの式典やろう」と次々に決めてくれました。大きな投資をして作った店ですが、これなら投資も回収できるだろうと自信を持ちました。

ところが、コロナが蔓延《まんえん》して予約はすべてキャンセルになりました。飲食店での食事が禁止されるような状況でしたから仕方ありません。何しろコロナ患者が出始めた最初の頃は感染したら村八分にされるような雰囲気すらありましたから、外で会食をするのは難しかったと思います。

そんなとき、私が困っているのを知って小学校の同級生が同窓会を企画してくれました。ただし、「時期が時期なのでお弁当を取るという形にしよう」と。ありがたくて涙が出ました。ところが、話はこれだけで終わらなかったのです。同窓会に集まった仲間たちが近所を一軒一軒回って御用聞きをしてくれて、十日に一度の割合で百五十食を注文してくれるようになったのです。これには坂東離宮のある境町だけではなくて隣町の人たちも応援してくれました。働く人も家族、お客様も家族という坂東太郎の考え方を皆さんが評価してくださったのです。

そのうち、坂東太郎が主催している業者さんの協議会が「うちも応援しよう」「うちでも弁当を取ろう」と注文してくださいました。あるいは東北の仙台に本拠地があるイエローハットのフランチャイズ店の社長さんが「北のほうはうちが坂東太郎の弁当買ってやる」と申し出てくれたりして、白板の上に書ききれないほどの注文が入りました。本当にいろいろなご支援をいただきました。コロナ禍でお客さんが来ない、このままだと店がもたないから応援してあげようという支援の輪が広がったのです。

坂東離宮には「個室だから家族なら大丈夫だろう」と言っていらっしゃるお客様もいました。おかげさまで一度は真っ白になったスケジュールですが、オープン後もそれなりにお客様が続くようになりました。

満を持してオープンしたのに、お客様が一人も来ないという現実は想像できませんでしたが、オープン前には予約がぎっしり入っていましたから、コロナ禍のさなかでも問題が収束すれば大丈夫なのではないかという気持ちは持っていました。結果的に、お客様がいらっしゃいましたし評価もしていただきましたから、コロナ禍が収束に向かいつつあるこれからが勝負という気持ちです。

ローカルならではという事情もあるかもしれませんが、こんなありがたい現実はどこでもあるわけはないでしょう。それを思うと、今まで以上に大家族主義を大切にして、応援してくださる人たちに恥をかかせないような仕事を丁寧にしていかなければならないと気を引き締めています。

〈わが信条〉

覚悟とは
経営者になること。
社長になることとはわけが違う。
先代の良いところ、悪いところを受け入れる、人間力が必要。
多くの社員をかかえるということは、生まれも育ちも文化も違う中で、
人として受け入れる。
家族として、大家族をまとめることができること。
百年も二百年も事業を続けるということは
経営者は恩送りし、親孝行ができること。
多くの社長に経営者になってほしい。また、経営者は教育者であると願います。

〈著者略歴〉

青谷洋治（あおや・ようじ）

昭和26年茨城県生まれ。42年中学卒業後、家業の農家を継ぐ。46年農業から飲食業に転身して修業を積み、50年茨城県境町に一号店を開店。61年に株式会社坂東太郎を設立、日本一幸せな企業を目指し「親孝行・人間大好」を理念に掲げる。茨城県、栃木県、千葉県、埼玉県、群馬県に80店舗以上のレストランを展開している。現在、同社代表取締役会長。

親孝行・人間大好《だいすき》　幸せ創造企業

代々初代《だいだいしょだい》

令和五年八月三十日第一刷発行
令和六年二月　一　日第二刷発行

著　者　青谷　洋治
発行者　藤尾　秀昭
発行所　致知出版社
〒150－0001東京都渋谷区神宮前四の二十四の九
TEL（〇三）三七九六―二一一一
印刷・製本　中央精版印刷

落丁・乱丁はお取替え致します。（検印廃止）

装幀――スタジオファム
編集協力――柏木孝之

ISBN978－4－8009－1289－3 C0095

ホームページ　https://www.chichi.co.jp
Eメール　books@chichi.co.jp

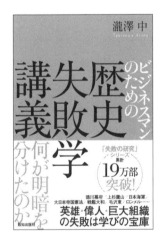